Richard Morris

The Puggala-paññatti.

Edited by Richard Morris - Vol. 1

Richard Morris

The Puggala-paññatti.
Edited by Richard Morris - Vol. 1

ISBN/EAN: 9783337732165

Printed in Europe, USA, Canada, Australia, Japan

Cover: Foto ©ninafisch / pixelio.de

More available books at **www.hansebooks.com**

THE

PUGGALA-PAÑÑATTI.

PART I.—TEXT.

EDITED BY

THE REV. RICHARD MORRIS, M.A., LL.D.,

EX-PRESIDENT OF THE PHILOLOGICAL SOCIETY.

LONDON:

PUBLISHED FOR THE PALI TEXT SOCIETY,

BY HENRY FROWDE,

OXFORD UNIVERSITY PRESS WAREHOUSE, AMEN CORNER.

1883.

CONTENTS.

		PAGE.
	Introduction	vii
	Mâtikâ	1
I.	Ekakaṃ	11
II.	Dve Puggalâ	18
III.	Tayo Puggalâ	27
IV.	Cattâro Puggalâ	38
V.	Pañca Puggalâ	64
VI.	Cha Puggalâ	70
VII.	Satta Puggalâ	71
VIII.	Aṭṭha Puggalâ; IX. Nava Puggalâ	73
X.	Dasa Puggalâ	74
	Index	75

INTRODUCTION.

The Abhidhamma piṭaka seems to be based for the most part upon the Sutta piṭaka, and contains little beyond what we find in the older texts. Childers defines the former collection as the "basket of transcendental doctrines," and says that the name of this third great division of the Buddhist scriptures "implies metaphysical as opposed to moral doctrine (dhamma)." This accomplished Pâli scholar seems to have judged of the whole of the Abhidhamma books by the few specimens he had come across of two—the Yamakaṃ and Paṭṭhânaṃ. But these works, as well as the Kathâvatthu, do not appear to be more metaphysical than many of the suttas in the older *Nikâyas*. I find very little that is transcendental in the Vibhaṅgappakaraṇaṃ, Dhammasaṅgaṇi, and Puggala-paññatti. Of the last, now for the first time edited, the reader can form his own opinion. Dr. Rhys Davids had doubtless good and sufficient reasons for refusing his assent to the popular opinion as to the metaphysical character of these works, and for giving in his "Hibbert Lectures" a positive denial to Childers's statement. His words may be here quoted:—"There is much misconception as to this name. It has been explained as meaning metaphysics. But so far as anything as is yet known of the Abhidhamma books, they are by no means more metaphysical than the other parts of the Piṭakas. There is indeed but very little metaphysics in early Buddhism, and 'abhidhamma' would seem to bear much more to 'Dhamma' the relation which 'bye-law' bears to 'law,' than that which 'metaphysics' bears to 'physics.'"

The compilers of the Abhidhamma books seem to have taken up such subjects only as are discussed at full length in the Nikâyas, dealing with them, more or less, in a purely scholastic and technical manner, with some variation in regard to the order and arrangement of the numerous details connected with the Buddhist creed. Classification, carried almost to an excess, in some of the books (the Dhammasaṅgaṇi, for instance), appears to be the strong point in this piṭaka, and Buddhaghosha, in his Visuddhimagga, has perhaps followed the method adopted by the Abhidhamma compilers with regard to their summaries of Buddhist teaching.

It is not always an easy task to harmonize the statements of the Sutta and Abhidhamma piṭakas, except upon the assumption that the latter collection is much later than the latest of the four Nikâyas.[1]

The Puggala-paññatti is indebted not only for its subject-matter, but also for its form, to the older piṭaka books. Its *form* seems to have been modelled upon that of the Saṅgîti-suttantaṃ of the Dîgha-nikâya. This sutta, as technical and dry in its treatment of its subject as any Abhidhamma treatise, and not, in many cases, any fuller than the Mâtikâ to the present work, treats of the *dasa dhammâ* or ten conditions much in the same way as the work before us deals with the *dasa puggalâ* or ten individuals (*i.e.* the varieties of those walking in the four paths; see Childers's Pâli Dictionary, s.v. Puggalo).

Occasionally we find the two subjects overlapping, that is to say, *puggalas* are mentioned in the Saṅgîti-sutta, and *dhammas* are referred to in the Puggala-paññatti. Amongst the *cattâro dhammâ* of the Saṅgîti-sutta, immediately following the *cattâro ariyavohârâ*, mention is made of CATTÂRO PUGGALÂ exactly in the same words as in the Mâtikâ of the Puggala-paññatti (Cattâro Puggalâ, §§ 19, 23, 24, 29). But our text derives its definitions and illustrations from other sources; that of IV. § 24 c. may be found in the *Brahmajâla* and *Sâmaññaphala* suttas, but the additions to IV. § 24 b. I have not met with elsewhere.

---

[1] See Oldenberg's Life of Buddha (English translation), pp. 449–450.

Amongst the *satta dhammâ* of the Saṅgîti-sutta we find SATTÂ PUGGALÂ DAKKHINEYYÂ, corresponding to the Mâtikâ, pt. I. 30–36, while Nos. 32, 33, and 34 are previously mentioned as TAYO PUGGALÂ, both in the above-mentioned sutta and in the Puggala-paññatti. (These well-known terms are used without any explanation in the Aṅguttara-nikâya II. v. 7–8.)

In the third *bhânavâraṃ* of the Saṅgîti-sutta we find AṬṬHA PUGGALÂ in the very terms of our text, with the curious omission of the words "ime cattâro maggasamaṅgino, ime cattâro phalasamaṅgino puggalâ," without which addition the number appears to be but four.

The *Saṅgîti-sutta* might fairly be called "Dhamma-paññatti," corresponding in meaning to the Dhamma-saṅgaṇi, which contains an enumeration and classification of *dhammas* (conditions).

As to the *materials* made use of by the compiler of the Puggala-paññatti, we can speak somewhat more positively. We have found nearly the whole of the third, fourth, and fifth sections of our text (tayo puggalâ, cattâro puggalâ pañca puggalâ) in the corresponding sections (tika-nîpâta catukka-nipâta, etc.) of the Aṅguttara-nikâya, including the long passage entitled *Yodhâjîvûpamâ puggalâ.*

I need hardly say anything of the other sections, as they are mere repetitions; the CHA PUGGALÂ goes partly over the same ground as the Ekakaṃ. Nos. 28 and 29 of the

Aṭṭha puggalâ have already been noticed as occurring in the Saṅgîti-sutta, while the Nava-puggalâ is a repetition of I. 28–36, and dasa-puggalâ refers to I. 37–46 of our text.

For the sake of comparison it may be stated that IV. No. 15 (Mâtikâ) is to be found in the Aṅguttara-nikâya, Dukanipâta XII. 11; and IV. Nos. 1, 2, 3 occur in the Saṃyutta-nikâya, while IV. 29 is to be found in the Saṅgîti-sutta.

Nos. 23, 24, and 25, pt. I. of the Puggala-paññatti seem to be curiously out of place, as we naturally expect them to be amongst the *tayo puggalâ.* The Saṅgîti-sutta names them under the *tisso paññâ.*

Nos. 42–46, pt. I. are mentioned without explanation in the Saṅgîti-sutta as the *pañca anâgâmino.* The only terms in pt. I. that I have not come across are Nos. 1–8, 10–14, 19, 20, 37, 38, 39.

The designations in pt. II. Nos. 21, 22, 23, 24, 26, are in the Aṅguttara-nikâya, Dukanîpâta XI. 2, 4, 5; 11–12. As to the remainder of the dve puggalâ, the terms themselves are to be found under a slightly different form in the Saṅgîti-sutta and Aṅguttara-nikâya.

It has already been stated that some of the dhammas are referred to in the Puggala-paññatti, but they are mentioned merely as a mode of explaining the designations applied to the puggalas, thus in defining, for instance, the concrete term *kodhano,* the abstract word *kodho* is first dealt with.

There seems to be, however, a fixed and recognized order in which both these abstract and concrete terms should be enumerated; in regard to the former the Puggala-paññatti agrees with the Saṅgîti-sutta and Aṅguttara-nikâya (II. XVI. 1-5) in the dhamma terms from 1 to 5.

I have not found the concrete terms in the Aṅguttara, but four of them (1, 2, 3, 4) occur in the Saṅgîti-sutta exactly in the order given in the Puggala-paññatti.

For the 5th and 6th the Saṅgîti-sutta has Pâpiccho and Micchâditthi, Sandiṭṭhiparâmâsî and Addhânagatiduppati-nissaggî. We find No. 5, however, amongst the asaddhammâ of the same book. The remainder of the dhammas mentioned in the Puggala-paññatti are to be found, without explanation, in the "Dve dhammâ" of the Saṅgîti-sutta, and in a slightly different order in the Aṅguttara-nikâya in two distinct sets. As the conventional arrangements of these dhammas perhaps varied from time to time, I therefore annex a list of them as found in the Saṅgîti-sutta, with references to the Aṅguttara-nikâya and Puggala-paññatti:—

SAṄGÎTI-SUTTA.	AṄGUTTARA NIKÂYA.	PUGGALA PAÑÑATTI.
1. Nâmañ ca rûpañ ca	II. ix. 3	. . .
2. Avijjâ ca bhavataṇhâ ca	. . . .	. . .
3. Bhavadiṭṭhi ca vibhavadiṭṭhi ca	II. ix. 5	. . .
4. Ahirikañ ca anottappañ ca	II. xvi. 5	II. 5
5. Hirî ca ottappañ ca	II. xvi. 10	II. 15
6. Dovacassatâ ca pâpamittatâ ca	II. ix. 8	II. 6

SAṄGÎTI-SUTTA.	AṄGUTTARA NIKÂYA.	PUGGALA PAÑÑATTI.
7. Sovacassatâ ca kalyâṇamittatâ ca	II. ix. 9	II. 16
8. Âpattikusalatâ ca âpatti-uṭṭhânakusalatâ ca	II. ix. 11	
9. Samâpattikusalatâ ca samâpatti-uṭṭhânakusalatâ ca	II. xv. 1	
10. Dhâtukusalatâ ca manasikârakusalatâ ca	II. ix. 10	
11. Kalyâṇakusalatâ ca paṭiccasamuppâdakusalatâ ca		
12. Ṭhânakusalatâ ca aṭṭhânakusalatâ ca		
13. Ajjavañ ca maddavañ ca	II. xv. 2	
14. Khanti ca soraccañ ca	II. xv. 3	
15. Sakalyâṇañ ca paṭisanthâro ca	II. xv. 4	
16 Ahiṃsâ ca soceyyañ ca	II. xv. 5	
17. Muṭṭhasaccañ ca asampajaññañ ca	II. xv. 16	II. 8
18. Sati ca sampajaññañ ca	II. xv. 17	II. 18
19. Indriyesu aguttadvâratâ ca bhojane amattaññutâ ca	II. xv. 6	II. 7
20. Indriyesu guttadvâratâ ca bhojane mattaññutâ ca	II. xv. 7	II. 17
21. Paṭisaṅkhârabalañ ca bhâvanabalañ ca	II. xv. 8	
22. Satibalañ ca samâdhibalañ ca	II. xv. 9	
23. Samatho ca vipassanâ ca	II. xv. 10	
24. Nimittañ ca paggâhanimittañ ca		
25. Paggâho ca avikkhepo ca	II. ix. 2	
26. Sîlasampadâ ca diṭṭhisampadâ ca	II. xv. 12	II. 19
27. Sîlavipatti ca diṭṭhivipatti ca	II. xv. 11	II. 9
28. Sîlavisuddhi ca diṭṭhivisuddhi ca	II. xv. 13	
29. Diṭṭhivisuddhi kho pana yathâdiṭṭhissa ca padhânaṃ	II. xv. 14	
30. Saṃvego ca saṃvejanîyesu ṭhânesu saṃviggassa ca yoniso padhânaṃ		
31. Asantuṭṭhitâ ca kusalesu dhammesu appaṭivâṇitâ padhânasmiṃ	II. xv. 15	
32. Vijjâ ca vimutti ca	II. ix. 4	
33. Khaye ñâṇaṃ anuppâde ñâṇaṃ		

For the text of the present edition of our Abhidhamma book I have made use of the following manuscripts:

1. The Phayre MS. in the India Office Library written on palm-leaves in Burmese characters.

2. A paper MS. in my own possession, in Siṅhalese writing.

3. A commentary, beautifully written in Siṅhalese characters on paper, in the possession of Dr. Rhys Davids.

4. A commentary on paper in Siṅhalese writing, amongst my own collection of MSS.

The second Manuscript is of the same type as the first, but less accurate, having been copied by a Siṅhalese scribe from a Burmese original. It has many literal errors pepetuating the common blunders of Burmese scribes. Three and four, belonging to a different recension, contain copies of a far more accurate text than those just mentioned, and enabled the editor to correct some curious mistakes.

Next year Dr. Rhys Davids, conjointly with myself, intends to publish the entire but short commentary to the Puggala-paññatti, with notes and various readings.

The corresponding passages in the Aṅguttara-nikâya have been compared, together with one or two similar pieces in the Dhammasaṅgaṇi.

For Part II. of the Puggala-Paññatti the Commentary failed altogether to be helpful, because, perhaps, the writer considered the explanations of the text to be amply sufficient.

There is in the British Museum Collection a *ṭikâ* or subcommentary entitled Lînattha-pada-vaṇṇanâ, by Ânand-âcariya, a portion of which deals with the Puggala-Paññatti.

A good Sinhalese MS. of our text is still much needed, before we can be quite sure of some two or three unusual terms in Part II. The use of *patodo* (II. 18*b*.) is curious; the only meaning given by Childers is *goad*, and at first sight one would like to read sampajañña-patodo instead of *sampajjaññaṃ, patodo;* but a corresponding passage in the Dhammasaṅgaṇi shows us that our text has the right reading. *Patodo*, therefore, must be one of the synonyms of *sampajaññam*, with the meaning of *mental stimulus*.

The Puggala-paññatti not only contains many useful contributions to Pâli lexicography, but is also most valuable in the light it throws upon Buddhistic terms and phraseology, and in this respect perhaps is by far the most interesting of the Abhidhammapiṭaka books.

PUGGALA-PAÑÑATTI.

Namo tassa bhagavato arahato sammâsambuddhassa.

MÂTIKÂ.

I.

Cha paññattiyo:—khandha-paññatti, âyatana-paññatti, dhâtu-paññatti, sacca-paññatti, indriya-paññatti, puggala-paññattî ti.

Kittâvatâ khandhânaṃ khandhapaññatti? Yâvatâ pañca khandhâ:—rûpakkhandho, vedanakkhandho, saññakkhandho, saṅkhârakkhandho, viññâṇakkhandho; ettâvatâ khandhânaṃ khandhapaññatti.

Kittâvatâ âyatanânaṃ âyatanapaññatti? Yâvatâ dvâdasâyatanâni:—cakkhâyatanaṃ, rûpâyatanaṃ, sotâyatanaṃ, saddâyatanaṃ, ghânâyatanaṃ, gandhâyatanaṃ, jivhâyatanaṃ, rasâyatanaṃ, kâyâyatanaṃ, phoṭṭhabbâyatanaṃ, manâyatanaṃ, dhammâyatanaṃ; ettâvatâ âyatanânaṃ âyatanapaññatti.

Kittâvatâ dhâtûnaṃ dhâtupaññatti? Yâvatâ aṭṭhârasa dhâtuyo:—cakkhudhâtu, rûpadhâtu, cakkhuviññâṇadhâtu, sotadhâtu, saddadhâtu, sotaviññâṇadhâtu, ghânadhâtu, gandhadhâtu, ghânaviññâṇadhâtu, jivhâdhâtu, rasadhâtu, jivhâviññâṇadhâtu, kâyadhâtu, phoṭṭhabbadhâtu, kâyaviññâṇadhâtu, manodhâtu, dhammadhâtu, manoviññâṇadhâtu; ettâvatâ dhâtûnaṃ dhâtupaññatti.

Kittâvatâ saccânaṃ saccapaññatti? Yâvatâ cattâri saccâni:—dukkhasaccaṃ, samudayasaccaṃ, nirodhasaccaṃ, maggasaccaṃ; ettâvatâ saccânaṃ saccapaññatti.

Kittâvatâ indriyânaṃ indriyapaññatti? Yâvatâ bâvîsatindriyâni:—cakkhundriyaṃ, sotindriyaṃ, ghânindriyaṃ, jivhindriyaṃ, kâyindriyaṃ, manindriyaṃ, jîvindriyaṃ itthindriyaṃ, purisindriyaṃ, sukhindriyaṃ, dukkhindriyaṃ, somanassindriyaṃ, domanassindriyaṃ, upekhindriyaṃ, saddhindriyaṃ, virindriyaṃ, satindriyaṃ, samâdhindriyaṃ, paññindriyaṃ, anaññâtaññassâmîtindriyaṃ, aññindriyaṃ, aññâtâvindriyaṃ; ettâvatâ indriyânaṃ indriyapaññatti.

Kittâvatâ puggalânaṃ puggalapaññatti?

1. Samayavimutto.
2. asamayavimutto.
3. kuppadhammo.
4. akuppadhammo.
5. parihânadhammo.
6. aparihânadhammo.
7. cetanâbhabbo.
8. anurakkhaṇâbhabbo.
9. puthujjano.
10. gotrabhû.
11. bhayûparato.
12. abhayûparato.
13. bhabbâgamaṇo.
14. abhabbâgamaṇo.
15. niyato.
16. aniyato.
17. paṭipannako phale ṭhito.
19. samasîsî.
20. ṭhitakappî.
21. ariyo.
22. anariyo.
23. sekkho.
24. asekkho.
25. n' eva sekkho nâsekkho.
26. tevijjo.
27. chaḷabhiñño.

28. sammâsambuddho.
29. paccekasambuddho.
30. ubhato-bhâga-vimutto.
31. paññâvimutto.
32. kâyasakkhî.
33. diṭṭhipatto.
34. saddhâvimutto.
35. dhammânusârî.
36. saddhânusârî.
37. sattakkhattuṃ paramo.
38. kolaṅkolo.
39. ekabîjî.
40. sakadâgâmî.
41. anâgâmî.
42. antarâ-parinibbâyî.
43. upahacca-parinibbâyî.
44. asaṅkhâra-parinibbâyî.
45. sasaṅkhâra-parinibbâyî.
46. uddhaṃsoto akaniṭṭhagâmî.
47. sotâpanno, sotâpatti-phala-sacchikiriyâya paṭipanno.
48. sakadâgâmî, sakadâgâmi-phala-sacchikiriyâya paṭipanno.
49. anâgâmî, anâgâmi-phala-sacchikiriyâya paṭipanno.
50. arahâ, arahattâya paṭipanno.

EKAKAṂ.

II.

DVE PUGGALÂ.

1. Kodhano ca upanâhî ca.
2. makkhî ca paḷâsî ca.
3. issukî ca maccharî ca.
4. saṭho ca mâyâvî ca.
5. ahiriko ca anottappî ca.
6. dubbaco ca pâpamitto ca.

7. indriyesu aguttadvâro ca bhojane amattaññû ca.
8. muṭṭhassati ca asampajâno ca.
9. sîlavipanno ca diṭṭhivipanno ca.
10. ajjhattasaññojano ca bahiddhâsaññojano ca.
11. akkhodhano ca anupanâhî ca.
12. amakkhî ca apaḷâsî ca.
13. anissukî ca amaccharî ca.
14. asaṭho ca amâyâvî ca.
15. hirîmâ ca ottappî ca.
16. suvaco ca kalyâṇamitto ca.
17. indriyesu guttadvâro ca bhojane mattaññû ca.
18. upaṭṭhitasati ca sampajâno ca.
19. sîlasampanno ca diṭṭhisampanno ca.
20. dve puggalâ dullabhâ lokasmiṃ.
21. dve puggalâ dutappayâ.
22. dve puggalâ sutappayâ.
23. dvinnaṃ puggalânaṃ âsavâ vaḍḍhanti.
24. dvinnaṃ puggalânaṃ âsavâ na vaḍḍhanti.
25. hînâdhimutto ca paṇîtâdhimutto ca.
26. titto ca tappetâ ca.

DUKAṂ.

III.

TAYO PUGGALÂ.

1. Nirâso, âsaṃso, vigatâso.
2. tayo gilânûpamâ puggalâ.
3. kâyasakkhî, diṭṭhippatto, saddhâvimutto.
4. gûthabhâṇî, pupphabhâṇî, madhubhâṇî.
5. arujûpamacitto puggalo, vijjûpamacitto puggalo, vajirûpamacitto puggalo.
6. andho, ekacakkhu, dvecakkhu.
7. avakujjapañño puggalo, ucchaṅga pañño puggalo puthupañño puggalo.

8. atth' ekacco puggalo kâmesu ca bhavesu ca avîtarâgo, atth' ekacco puggalo kâmesu vîtarâgo bhavesu avîtarâgo, atth' ekacco puggalo kâmesu ca bhavesu vîtarâgo.

9. pâsâṇalekhûpamo puggalo, paṭhavîlekhûpamo puggalo, udakalekhûpamo puggalo.

10. tayo potthakûpamâ puggalâ.

11. tayo kâsikavatthûpamâ puggalâ.

12. suppameyyo, duppameyyo, appameyyo.

13. atth' ekacco puggalo na sevitabbo, na bhajitabbo, na payirupâsitabbo;

atth' ekacco puggalo sevitabbo, bhajitabbo, payirupâsitabbo;

atth' ekacco puggalo sakkatvâ garuṅkatvâ sevitabbo, bhajitabbo, payirupâsitabbo.

14. atth' ekacco puggalo jigucchitabbo, na sevitabbo, na bhajitabbo, na payirupâsitabbo;

atth' ekacco puggalo ajjhupekkhitabbo na sevitabbo, na bhajitabbo, na payirupâsitabbo;

atth' ekacco puggalo sevitabbo, bhajitabbo, payirûpâsitabbo.

15. atth' ekacco puggalo sîlesu paripûrakârî samâdhismim mattasokârî paññâya mattasokârî;

atth' ekacco puggalo sîlesu ca paripûrakârî samâdhismiñca paripûrakârî paññâya mattasokârî;

atth' ekacco puggalo sîlesu ca paripûrakârî samâdhismiñ ca paripûrakârî paññâya ca paripûrakârî.

16. tayo satthâro apare pi tayo satthâro.

TIKAṂ.

IV.

CATTÂRO PUGGALA.

1. Asappuriso, asappurisena asappurisataro, sappuriso, sappurisena sappurisataro.

2. Pâpo, pâpena pâpataro, kalyâṇo, kalyâṇena kalyâṇataro.

3. Pâpadhammo, pâpadhammena pâpadhammataro, kalyâṇadhammo, kalyâṇadhammena kalyâṇadhammataro.
/ 4. Sâvajjo, vajjabahulo, appasâvajjo, anavajjo.
5. Ugghaṭitaññû, vipaccitaññû, neyyo, padaparamo.
6. Yuttapaṭibhâṇo no muttapaṭibhâṇo, muttapaṭibhâno no yuttapaṭibhâṇo, yuttapaṭibhâṇo ca muttapaṭibhâṇo ca, n' eva yuttapaṭibhâṇo no muttapaṭibhâṇo.
7. Cattâro dhammakathikâ puggalâ.
8. Cattâro valâhakûpamâ puggalâ.
9. Cattâro mûsikûpamâ puggalâ.
10. Cattâro ambûpamâ puggalâ.
11. Cattâro kumbhûpamâ puggalâ.
12. Cattâro udakarahadûpamâ puggalâ.
13. Cattâro balivaddûpamâ puggalâ.
14. Cattâro âsîvisûpamâ puggalâ.
15. Atth' ekacco puggalo ananuvicca apariyogâhetvâ avaṇṇârahassa vaṇṇaṃ bhâsitâ hoti;

atth' ekacco puggalo ananuvicca apariyogâhetvâ vaṇṇârahassa avaṇṇaṃ bhâsitâ hoti;

atth' ekacco ananuvicca apariyogâhetvâ appasâdanîye ṭhâne pasâdaṃ upadhaṃsitâ hoti;

atth' ekacco puggalo ananuvicca apariyogâhetvâ pasâdanîye ṭhâne appasâdaṃ upadhaṃsitâ hoti.

16. Atth' ekacco puggalo anuvicca pariyogâhetvâ avaṇṇârahassa avaṇṇaṃ bhâsitâ hoti;

atth' ekacco puggalo anuvicca pariyogâhetvâ vaṇṇârahassa vaṇṇaṃ bhâsita hoti;

atth' ekacco puggalo anuvicca pariyogâhetvâ appasâdanîye ṭhâne appasâdaṃ upadhaṃsitâ hoti;

atth' ekacco puggalo anuvicca pariyogâhetvâ pasâdanîye ṭhâne pasâdaṃ upadhaṃsitâ hoti.

17. Atth' ekacco puggalo avaṇṇârahassa avaṇṇaṃ bhâsitâ hoti bhûtaṃ tacchaṃ kâlena, no ca kho vaṇṇârahassa vaṇṇaṃ bhâsitâ hoti bhûtaṃ tacchaṃ kâlena.

atth' ekacco puggalo vaṇṇârahassâ vaṇṇaṃ bhâsitâ hoti bhûtaṃ tacchaṃ kâlena, no ca kho avaṇṇârahassa avaṇṇaṃ bhâsitâ hoti bhûtaṃ tacchaṃ kâlena;

atth' ekacco puggalo avaṇṇârahassa avaṇṇaṃ bhâsitâ hoti

bhûtaṃ tacchaṃ kâlena, vaṇṇârahassa vaṇṇaṃ bhâsitâ hoti bhûtaṃ tacchaṃ kâlena;

atth' ekacco puggalo n' eva avaṇṇârahassa avaṇṇaṃ bhâsitâ hoti bhûtaṃ tacchaṃ kâlena, no pi vaṇṇârahassa vaṇṇaṃ bhâsitâ hoti bhûtaṃ tacchaṃ kâlena.

18. Uṭṭhânaphalûpajîvî no puññaphalûpajîvî; puññaphalûpajîvî no uṭṭhânaphalûpajîvî; uṭṭhânaphalûpajîvî ca puññaphalûpajîvî ca; n' eva uṭṭhânaphalûpajîvî no puññaphalûpajîvî.

19. Tamo tamaparâyano, tamo jotiparâyano, joti tamaparâyano, joti jotiparâyano.

20. Oṇatoṇato, oṇatuṇṇato, uṇṇatoṇato, uṇṇatuṇṇato.

21. Cattâro rukkhûpamâ puggalâ.

22. Rûpappamâṇo rûpappasanno, ghosappamâṇo ghosappasanno, lûkhappamâṇo lûkhappasanno, dhammappamâṇo dhammappasanno.

23. Atth' ekacco puggalo attahitâya paṭipanno hoti no parahitâya;

atth' ekacco puggalo parahitâya paṭipanno hoti no attahitâya;

atth' ekacco puggalo attahitâya c'eva paṭipanno hoti parahitâya ca;

atth' ekacco puggalo n'eva attahitâya paṭipanno hoti no parahitâya.

24. Atth' ekacco puggalo attantapo hoti attaparitâpanânuyogam anuyutto;

atth' ekacco puggalo parantapo hoti paraparitâpanânuyogam anuyutto;

atth' ekacco puggalo attantapo ca hoti attaparitâpanânuyogam anuyutto parantapo ca paraparitâpanânuyogam anuyutto;

atth' ekacco puggalo n'eva attantapo hoti na attaparitâpanânuyogam anuyutto na parantapo na paraparitâpanânuyogam anuyutto. So anattantapo aparantapo diṭṭh' eva dhamme nicchâto nibbûto sîtibhûto sukha-paṭisaṃvedî brahmabhûtena attanâ viharati.

25. Sarâgo sadoso, samoho, samâno.

26. Atth' ekacco puggalo lâbhî hoti ajjhattaṃ cetosamathassa na lâbhî adhipaññâ-dhamma-vipassanâya;

atth' ekacco puggalo lâbhî hoti adhipaññâ-dhamma-vipassanâya na lâbhî ajjhattaṃ cetosamathassa;

atth' ekacco puggalo lâbhî c'eva hoti ajjhattaṃ cetosamathassa lâbhî adhipaññâ-dhamma-vipassanâya;

atth' ekacco puggalo n'eva lâbhî hoti ajjhattaṃ cetosamathassa na lâbhî adhipaññâ-dhamma-vipassanâya.

/ 27. Anusotagâmî puggalo, paṭisotagâmî puggalo, ṭhitatto puggalo, tiṇṇo pâraṅgato phale tiṭṭhati brâhmaṇo.

28. Appasuto sutena anupapanno, appasuto sutena upapanno, bahusuto sutena anupapanno, bahusuto sutena upapanno.

29. Samaṇamacalo, samaṇapadumo, samaṇapuṇḍarîko, samaṇesu samaṇasukhumâlo.

CATUKKAM.

V.

PAÑCA PUGGALÂ.

1. Atth' ekacco puggalo ârabhati ca vippaṭisârî ca hoti tañ ca cetovimuttiṃ paññâvimuttiṃ yathâbhûtaṃ nappajânâti yatth' assa te uppannâ pâpakâ akusalâ dhammâ aparisesâ nirujjhanti:

atth' ekacco puggalo ârabhati na vippaṭisârî hoti tañ ca cetovimuttiṃ paññâvimuttiṃ yathâbhûtaṃ nappajânâti yatth' assa te uppannâ pâpakâ akusalâ dhammâ aparisesâ nirujjhanti:

atth' ekacco puggalo nârabhati vippaṭisârî hoti tañ ca cetovimuttiṃ paññâyavimuttiṃ yathâbhûtaṃ nappajânâti yatth' assa te uppannâ pâpakâ akusalâ dhammâ aparisesâ nirujjhanti:

atth' ekacco puggalo nârabhati na vippaṭisârî hoti tañ ca cetovimuttiṃ paññâvimuttiṃ yathâbhûtaṃ nappajânâti yatth' assa te uppannâ pâpakâ akusalâ dhammâ aparisesâ nirujjhanti.

2. Datvâ avajânâti, saṃvâsena avajânâti, âdheyyamukho hoti, lolo hoti, mando momûho hoti.

3. Pañca yodhâjîvûpamâ puggalâ, 4. pañca piṇḍapâtikâ, 5. pañca khalupacchâbhattikâ, 6. pañca ekâsanikâ, 7. pañca paṃsukûlikâ, 8. pañca tecîvarikâ, 9. pañca âraññikâ, 10. pañca rukkhamûlikâ, 11. pañca abbhokâsikâ, 12. pañca nesajjikâ, 13. pañca yathâsanthatikâ, 14. pañca sosânikâ.

PAÑCAKAṂ.

VI.

CHA PUGGALÂ.

1. Atth' ekacco puggalo pubbe ananussutesu dhammesu sâmaṃ saccâni abhisambujjhati, tattha ca sabbaññutaṃ pâpuṇâti phalesu ca vasîbhâvaṃ:

atth' ekacco puggalo pubbe ananussutesu dhammesu sâmaṃ saccâni abhisambujjhati, na ca tattha sabbaññutaṃ pâpuṇâti na ca phalesu vasîbhâvaṃ:

atth' ekacco puggalo pubbe ananussutesu dhammesu sâmaṃ saccâni abhisambujjhati, diṭṭh' eva dhamme dukkhass' antakaro hoti sâvakapâramiñ ca pâpuṇâti:

atth' ekacco puggalo pubbe ananussutesu dhammesu sâmaṃ saccâni abhisambujjhati, diṭṭh' eva dhamme dukkhass' antakaro hoti na ca sâvakapâramiṃ pâpuṇâti:

atth' ekacco puggalo pubbe ananussutesu dhammesu sâmaṃ saccâni abhisambujjhati, diṭṭh' eva dhamme dukkhass' antakaro hoti anâgâmî hoti anâgantvâ itthattaṃ:

atth' ekacco puggalo pubbe ananussutesu dhammesu sâmaṃ saccâni abhisambujjhati, na ca diṭṭh' eva dhamme dukkhass' antakaro hoti sakadâgâmî hoti âgantvâ itthattaṃ.

CHAKKAṂ.

VII.

SATTA PUGGALÂ.

1. Satt' udakûpamâ puggalâ sakiṃ nimuggo nimuggo va hoti, ummujjitvâ nimujjati, ummujjitvâ ṭhito hoti, ummujjitvâ vipassati viloketi, ummujjitvâ patarati, ummujjitvâ paṭigâdhapatto hoti, ummujjitvâ tiṇṇo hoti pâraṅgato phale tiṭṭhati brâhmaṇo.

2. Ubhato-bhâga-vimutto, paññâvimutto, kâyasakkhî, diṭṭhipatto, saddhâvimutto, dhammânusâri, saddhânusârî.

SATTAKAṂ.

VIII.

AṬṬHA PUGGALÂ.

1. Cattâro maggasamaṅgino cattâro phalasamaṅgino puggalâ.

AṬṬHAKAṂ.

IX.

NAVA PUGGALÂ.

1. Sammâsambuddho, paccekasambuddho, ubhatobhâgavimutto, paññâvimutto, kâyasakkhî, diṭṭhipatto, saddhâvimutto, dhammânusâri, saddhânusârî.

NAVAKAṂ.

X.

DASA PUGGALÂ.

1. Pañcannaṃ idha niṭṭhâ pañcannaṃ idha vihâya niṭṭhâ.

DASAKAṂ.

PUGGALAPAÑÑATTI-MÂTIKÂ.

I.

1. *Katamo ca puggalo samayavimutto?*

Idh' ekacco puggalo kâlena kâlaṃ samayena samayaṃ aṭṭha vimokkhe kâyena phusitvâ viharati paññâya c' assa disvâ ekacce âsavâ parikkhîṇâ honti: ayaṃ vuccati *puggalo samayavimutto.*

2. *Katamo ca puggalo asamayavimutto?*

Idh' ekacco puggalo na h' eva kho kâlena kâlaṃ samayena samayaṃ aṭṭha vimokkhe kâyena phusitvâ viharati paññâya c' assa disvâ âsavâ parikkhîṇâ honti: ayaṃ vuccati *puggalo asamayavimutto.* Sabbe pi ariyapuggalâ ariye vimokkhe *asamayavimuttâ.*

3. *Katamo ca puggalo kuppadhammo?*

Idh' ekacco puggalo lâbhî hoti rûpasahagatânaṃ vâ arûpasahagatânaṃ vâ samâpattînaṃ, so ca kho na nikâma-lâbhî hoti na akicchalâbhî na akasira-lâbhî na yatthicchakaṃ yadicchakaṃ yâvaticchakaṃ samâpajjati pi vuṭṭhâti pi; ṭhânaṃ kho pan' etaṃ vijjati yaṃ tassa puggalassa pamâdam âgamma tâ samâpattiyo kuppeyyuṃ: ayaṃ vuccati *puggalo kuppadhammo.*

4. *Katamo ca puggalo akuppadhammo?*

Idh' ekacco puggalo lâbhî hoti rûpasahagatânaṃ vâ arûpasahagatânaṃ vâ samâpattînaṃ, so ca kho nikâma-lâbhî hoti akicchalâbhî akasiralâbhî yatthicchakaṃ yadicchakaṃ yâvaticchakaṃ samâpajjati pi vuṭṭhâti pi; aṭṭhânaṃ etaṃ anavakâso yaṃ tassa puggalassa pamâdam âgamma tâ samâpattiyo kuppeyyuṃ: ayaṃ vuccati *puggalo akuppadhammo.* Sabbe pi ariyapuggalâ ariye vimokkhe akuppadhammâ.

5. *Katamo ca puggalo parihânadhammo?*

Idh' ekacco puggalo lâbhî hoti rûpasahagatânaṃ vâ arûpasahagatânaṃ vâ samâpattînaṃ, so ca kho na nikâmalâbhî hoti na akicchalâbhî na akasiralâbhî na yatthicchakaṃ yadicchakaṃ yâvaticchakaṃ samâpajjati pi vuṭṭhâti pi; ṭhânaṃ kho pan' etaṃ vijjati yaṃ so puggalo pamâdaṃ âgamma tâhi samâpattîhi parihâreyya: ayaṃ vuccati *puggalo parihânadhammo.*

6. *Katamo ca puggalo aparihânadhammo?*

Idh' ekacco puggalo lâbhî hoti rûpasahagatânaṃ vâ arûpasahagatânaṃ vâ samâpattînaṃ, so ca kho nikâmalâbhî hoti akicchalâbhî akasiralâbhî yatthicchakaṃ yadicchakaṃ yâvaticchakaṃ samâpajjati pi vuṭṭhâti pi; aṭṭhânaṃ etaṃ anavakâso yaṃ so puggalo pamâdaṃ âgamma tâhi samâpattîhi parihâreyya: ayaṃ vuccati *puggalo aparihânandhammo.* Sabbe pi ariyapuggalâ ariye vimekkhe aparihânadhammâ.

7. *Katamo ca puggalo cetanâbhabbo?*

Idh' ekacco puggalo lâbhî hoti rûpasahagatânaṃ vâ arûpasahagatânaṃ vâ samâpattînaṃ, so ca kho na nikâmalâbhî hoti na akicchalâbhî na akasiralâbhî na yatthicchakaṃ yadicchakaṃ yâvaticchakaṃ samâpajjati pi vuṭṭhâti pi; sace anusañceteti na parihâyati tâhi samâpattîhi, sace na anusañceteti parihâyati tâhi samâpattîhi: ayaṃ vuccati *puggalo cetanâbhabbo.*

8. *Katamo ca puggalo anurakkhanâbhabbo?*

Idh' ekacco puggalo lâbhî hoti rûpasahagatânaṃ vâ arûpasahagatânaṃ vâ samâpattînaṃ, so ca kho na nikâmalâbhî hoti na akicchalâbhî na akasiralâbhî na yatthicchakaṃ yadicchakaṃ yâvaticchakaṃ samâpajjati pi vuṭṭhâti pi; sace anurakkhati na parihâyati tâhi samâpattîhi, sace na anurakkhati parihâyati tâhi samâpattîhi: ayaṃ vuccati *puggalo anurakkhanâbhabbo.*

9. *Katamo ca puggalo puthujjano?*

Yassa puggalassa tîṇi saññojanâni appahînâni na ca tesaṃ dhammânaṃ pahânâya paṭipanno: ayaṃ vuccati *puggalo puthujjano.*

10. *Katamo ca puggalo gotrabhû?*

Yesaṃ dhammânaṃ samanantarâ ariyadhammassa avakkanti hoti tehi dhammehi samannâgato puggalo ayaṃ vuccati *gotrabhû*.

11–12. *Katamo ca puggalo bhayûparato?*
Satta sekhâ *bhayûparatâ* ye ca puthujjanâ sîlavanto: arahâ *abhayûparato*.

13. *Katamo ca puggalo abhabbâgamano?*
Ye te puggalâ kammâvaraṇena samannâgatâ, kilesâvaraṇena samannâgatâ, vipâkâvaraṇena samannâgatâ, assaddhâ, acchandikâ, duppaññâ, jaḷâ, abhabbâ niyâmaṃ okkamituṃ kusalesu dhammesu sammattaṃ: ime vuccanti *puggalâ abhabbâgamanâ*.

14. *Katamo ca puggalo bhabbâgamano?*
Ye te puggalâ na kammâvaraṇena samannâgatâ, na kilesâvaraṇena samannâgatâ, na vikâpâvaraṇena samannâgatâ, saddhâ, chandikâ, paññavanto, bhabbâ niyâmaṃ okkamituṃ kusalesu dhammesu sammattaṃ: ime vuccanti *puggalâ bhabbâgamanâ*.

15–16. *Katamo ca puggalo niyato?*
Pañca puggalâ ânantarikâ, ye ca micchâdiṭṭhikâ niyatâ: aṭṭha ca ariyapuggalâ *niyatâ*: avasesâ *puggalâ aniyatâ*.

17–18. *Katamo ca puggalo paṭipannako?*
Cattâro magga-samaṅgino puggalâ paṭipannakâ: cattâro phala-samaṅgino puggalâ phale ṭhitâ.

19. *Katamo ca puggalo samasîsî?*
Yassa puggalassa apubbaṃ acarimaṃ âsavapariyâdânañ ca hoti jîvitapariyâdânañ ca: ayaṃ vuccati *puggalo samasîsî*.

20. *Katamo ca puggalo ṭhita-kappî?*
Ayañ ca puggalo sotâpatti-phala-sacchikiriyâya paṭipanno assa kappassa ca uḍḍayhana-velâ assa n'eva tâva kappo uḍḍayheyya yâvâyaṃ puggalo na sotâpattiphalaṃ sacchikaroti: ayaṃ vuccati *ṭhita-kappî*.

Sabbe pi maggasamaṅgino *puggalâ ṭhitakappino.*

21–22. *Katamo ca puggalo ariyo?*
Aṭṭha ariyapuggalâ *ariyâ,* avasesâ *puggalâ anariyâ.*

23–25. *Katamo ca puggalo sekkho?*
Cattâro maggasamaṅgino tayo phalasamaṅgino puggalâ *sekkhâ*; arahâ *asekkho,* avasesâ puggalâ *n'eva sekkhâ nâsekkhâ*

26. *Katamo ca puggalo tevijjo?*
Tîhi vijjâhi samannâgato *puggalo tevijjo.*

27. *Katamo ca puggalo chaḷabhiñño?*
Chahi abhiññâhi samannâgato *puggalo chaḷabhiñño.*

28. *Katamo ca puggalo sammâsambuddho?*
Idh' ekacco puggalo pubbe ananussutesu dhammesu sâmaṃ saccâni abhisambujjhati tattha ca sabbaññutaṃ pâpuṇâti phalesu ca vasîbhâvaṃ: ayaṃ vuccati *puggalo sammâsambuddho.*

29. *Katamo ca puggalo paccekasambuddho?*
Idh' ekacco puggalo pubbe ananussutesu dhammesu sâmaṃ saccâni abhisambujjhati na ca tattha sabbaññutaṃ pâpuṇâti na ca phalesu vasîbhâvaṃ: ayaṃ vuccati *puggalo paccekasambuddho.*

30. *Katamo ca puggalo ubhato-bhâga-vimutto?*
Idh' ekacco puggalo aṭṭha vimokkhe kâyena phusitvâ viharati paññâya c' assa disvâ âsavâ parikkhîṇâ honti: ayaṃ vuccati *puggalo ubhato-bhâga-vimutto.*

31. *Katamo ca puggalo paññâ-vimutto?*
Idh' ekacco puggalo na h' eva kho aṭṭha vimokkhe kâyena phusitva viharati paññâya c' assa disvâ âsavâ parikkhîṇâ honti: ayaṃ vuccati *puggalo paññâ-vimutto.*

32. *Katamo ca puggalo kâya-sakkhî?*
Idh' ekacco puggalo aṭṭha vimokkhe kâyena phusitvâ

viharati paññâya c' assa disvâ ekacce âsavâ parikkhîṇâ honti: ayaṃ vuccati *puggalo kâya-sakkhi.*

33. *Katamo ca puggalo diṭṭhippatto?*

Idh' ekacco puggalo idaṃ dukkhan ti yathâbhûtaṃ pajânâti; ayaṃ dukkha-samudayo ti yathâbhûtaṃ pajânâti; ayaṃ dukkha-nirodho ti yathâbhûtaṃ pajânâti; ayaṃ dukkha-nirodhagâminî paṭipadâ ti yathâbhûtaṃ pajânâti, Tathâgatappaveditâ c' assa dhammâ paññâya vo diṭṭhâ honti vo caritâ, paññâya c' assa disvâ ekacce âsavâ parikkhîṇâ honti: ayaṃ vuccati *puggalo diṭṭhippatto.*

34. *Katamo ca puggalo saddhâ-vimutto?*

Idh' ekacco puggalo idaṃ dukkhan ti yathâbhûtaṃ pajânâti; ayaṃ dukkha-samudayo ti yathâbhûtaṃ pajânâti; ayaṃ dukkha-nirodho ti yathâbhûtaṃ pajânâti; ayaṃ dukkha-nirodhagâminî paṭipadâ ti yathâbhûtaṃ pajânâti Tathâgatappaveditâ c' assa dhammâ paññâya vo diṭṭhâ honti vo caritâ, paññâya c' assa disvâ ekacce âsavâ parikkhîṇâ honti, no ca kho yathâ diṭṭhippattassa: ayaṃ vuccati *puggalo saddhâ-vimutto.*

35. *Katamo ca puggalo dhammânusârî?*

Yassa puggalassa sotâpattiphalasacchikiriyâya paṭipannassa paññindriyaṃ adhimattaṃ hoti paññâ-vâhiṃ paññâ-pubbaṅgamaṃ ariyamaggaṃ bhâveti: ayaṃ vuccati *puggalo dhammânusârî,* sotâpattiphalasacchikiriyâya paṭipanno *puggalo dhammânusârî,* phale ṭhito diṭṭhippatto.

36. *Katamo ca puggalo saddhânusârî?*

Yassa puggalassa sotâpattiphalasacchikiriyâya paṭipannassa saddhindriyaṃ adhimattaṃ hoti, saddhâ-vâhiṃ saddhâpubbaṅgamaṃ ariyamaggaṃ bhâveti: ayaṃ vuccati *puggalo saddhânusârî:* sotâphalasacchikiriyâya paṭipanno *puggalo saddhânusârî,* phale ṭhito saddhâvimutto.

37. *Katamo ca puggalo sattakkhattuṃ paramo?*

Idh' ekacco puggalo tiṇṇaṃ saññojanânaṃ parikkhayâ paṭipanno hoti avinipâtadhammo niyato sambodhiparâyano: so sattakkhattuṃ deve ca mânusse ca sandhâvitvâ saṃsaritvâ dukkhass' antaṃ karoti: ayaṃ vuccati *puggalo sattakkhattuṃ paramo.*

38. *Katamo ca puggalo kolaṅkolo?*
Idh' ekacco puggalo tiṇṇaṃ saññojanânaṃ parikkhayâ sotâpanno hoti avinipâtadhammo niyato sambodhiparâyano: so dve vâ tîṇi vâ kulâni sandhâvitvâ saṃsaritvâ dukkhass' antaṃ karoti: ayaṃ vuccati *puggalo kolaṅkolo.*

39. *Katamo ca puggalo ekabîjî?*
Idh' ekacco puggalo tiṇṇaṃ saññojanânaṃ parikkhayâ sotâpanno hoti avinipâtadhammo niyato sambodhiparâyano: so etaṃ yeva mânussakaṃ bhavaṃ nibbattetvâ dukkhass' antaṃ karoti: ayaṃ vuccati *puggalo ekabîjî.*

40. *Katamo ca puggalo sakadâgâmî?*
Idh' ekacco puggalo tiṇṇaṃ saññojanânaṃ parikkhayâ râga-dosa-mohânaṃ tanuttâ sakadâgâmî hoti, sakid eva imaṃ lokaṃ âgantvâ dukkhass' antaṃ karoti: ayaṃ vuccati *puggalo sakadâgâmî.*

41. *Katamo ca puggalo anâgâmî?*
Idh' ekacco puggalo pañcannaṃ orambhâgiyânaṃ saññojanânaṃ parikkhayâ opapâtiko hoti, tattha parinibbâyî anâvattidhammo tasmâ lokâ: ayaṃ vuccati *puggalo anâgâmî.*

42. *Katamo ca puggalo antarâ-parinibbâyî?*
Idh' ekacco puggalo pañcannaṃ orambhâgiyânaṃ saññojanânaṃ parikkhayâ opapâtiko hoti, tattha parinibbâyî anâvattidhammo tasmâ lokâ: so upapannaṃ vâ samanantarâ apattaṃ vâ vemajjhaṃ âyupamâṇaṃ ariyamaggaṃ sañjaneti upariṭṭhimânaṃ saññojanânaṃ pahânâya: ayaṃ vuccati *puggalo antarâ-parinibbâyî.*

43. *Katamo ca puggalo upahacca-parinibbâyî?*
Idh' ekacco puggalo pañcannaṃ orambhâgiyânaṃ saññojanânaṃ

janânaṃ parikkhayâ opapâtiko hoti, tattha parinibbâyî anâvattidhammo tasmâ lokâ : so atikkamitvâ vemajjhaṃ âyupamâṇaṃ upahacca vâ kâlakiriyaṃ ariyamaggaṃ sañjaneti upariṭṭhimânaṃ saññojanânaṃ pahânâya : ayaṃ vuccati *puggalo upahacca-parinibbâyî.*

44. *Katamo ca puggalo asaṅkhâra-parinibbâyî ?*

Idh' ekacco puggalo pañcannaṃ orambhâgiyânaṃ saññojanânaṃ parikkhayâ opapâtiko hoti tattha parinibbâyî anâvattidhammo tasmâ lokâ : so asaṅkhârena ariyamaggaṃ sañjaneti upariṭṭhimânaṃ saññojanânaṃ pahânâya : ayaṃ vuccati *puggalo asaṅkhâra-parinibbâyî.*

45. *Katamo ca puggalo sasaṅkhâra-parinibbâyî ?*

Idh' ekacco puggalo pañcannaṃ orambhâgiyânaṃ saññojanânaṃ parikkhayâ opapâtiko hoti tattha parinibbâyî anâvattidhammo tasmâ lokâ: so sasaṅkhârena ariyamaggaṃ sañjaneti upariṭṭhimânaṃ saññojanânaṃ pahânâya : ayaṃ vuccati *puggalo sasaṅkhâra-parinibbâyî.*

46. *Katamo ca puggalo uddhaṃsoto akaniṭṭhagâmî ?*

Idh' ekacco puggalo pañcannaṃ orambhâgiyânaṃ saññojanânaṃ parikkhayâ opapâtiko hoti tattha parinibbâyî anâvattidhammo tasmâ lokâ : so avihâ cuto atappaṃ gacchati, atappâ cuto sudassaṃ gacchati, sudassâ cuto sudassiṃ gacchati, sudassiyâ cuto akaniṭṭhaṃ gacchati, akaniṭṭhe ariyamaggaṃ sañjaneti upariṭṭhimânaṃ saññojanânaṃ pahânâya : ayaṃ vuccati *puggalo uddhaṃsoto akaniṭṭhagâmî.*

47. Tiṇṇaṃ saññojanânaṃ pahânâya paṭipanno puggalo sotâpatti-phala-sacchikiriyâya paṭipanno : yassa puggalassa tîṇi saññojanâni pahînâni ayaṃ vuccati *puggalo sotâpanno.*

48. Kâmarâgavyâpâdânaṃ tanu-bhâvâya paṭipanno puggalo sakadâgâmi-phala-sacchikiriyâya paṭipanno : yassa puggalassa kâmarâgavyâpâdâ tanubhûtâ ayaṃ vuccati *puggalo sakadâgâmî.*

49. Kâmarâgavyâpâdânam anavasesappahânâya paṭipanno

puggalo anâgâmi-phala-sacchikiriyâya paṭipanno: yassa puggalassa kâmarâgavyâpâdâ anavasesâ pahînâ ayaṃ vuccati *puggalo anâgâmi.*

50. Rûparâga-arûparâga-mâna-uddhacca-avijjâya anavasesappahânâya paṭipanno puggalo arahatta-phala-sacchikiriyâya paṭipanno: yassa puggalassa rûparâgo arûparâgo mâno uddhaccaṃ avijjâ anavasesâ pahînâ ayaṃ vuccati *puggalo arahâ.*

EKAKANIDDESO.

II.

DVE PUGGALÂ.

1. *Katamo ca puggalo kodhano?*

Tattha katamo *kodho?* Yo kodho, kujjhanâ, kujjhitattaṃ, doso, dussanâ, dussitattaṃ, vyâpatti, vyâpajjanâ, virodho, paṭivirodho, caṇḍittaṃ, asuropo, anattamanatâ cittassa ayaṃ vuccati *kodho.* Yassa puggalassa ayaṃ kodho appahîno ayaṃ vuccati *puggalo kodhano.*

Katamo ca puggalo upanâhî?

Tattha katamo *upanâho?* Pubbakâlaṃ kodho aparakâlaṃ upanâho. Yo evarûpo upanâho, upanayhanâ, upanayhitattaṃ, âṭhapanâ, ṭhapanâ, saṇṭhapanâ, anupasaṇṭhapanâ, anupabandhanâ, daḷhikammaṃ kodhassa ayaṃ vuccati *upanâho.* Yassa puggalassa upanâho appahîno ayaṃ vuccati *puggalo upanâhî.*

2. *Katamo ca puggalo makkhî?*

Tattha katamo *makkho?* Yo makkho, makkhâyanâ, makkhâyitattaṃ, niddhunîyaṃ niddhunîyakammaṃ ayaṃ vuccati *makkho.* Yassa puggalassa ayaṃ makkho appahîno ayaṃ vuccati *puggalo makkhî.*

Katamo ca puggalo paḷâsî?

Tattha katamo *paḷâso?* Yo paḷâso, paḷâsâyanâ, paḷâsâyitattaṃ, paḷâsâkâro, vivâdaṭṭhânaṃ, yuddhaggâho, apaṭinissaggo ayaṃ vuccati *paḷâso.* Yassa puggalassa ayaṃ paḷâso appahîno ayaṃ vuccati *puggalo paḷâsî.*

3. *Katamo ca puggalo issukî ?*

Tattha katamâ *issâ ?* Yâ paralâbha-sakkâra-garukâra-mânana-vandana-pûjanâsu issâyanâ, issâyitattaṃ, ussuyâ, ussuyanâ, ussuyitattaṃ, ayaṃ vuccati *issâ.* Yassa puggalassa ayaṃ issâ appahînâ ayaṃ vuccati *puggalo issukî.*

Katamo ca puggalo maccharî ?

Tattha katamaṃ *macchariyaṃ ?* Pañca macchariyâni :—âvâsa-macchariyaṃ, kula-macchariyaṃ lâbha-macchariyaṃ, vaṇṇa-macchariyaṃ, dhamma-macchariyaṃ. Yaṃ evarûpaṃ macchariyaṃ maccharâyanâ, maccharâyitattaṃ, vevicchaṃ, kadariyaṃ, kaṭukañcukatâ, aggahitattaṃ cittassa idaṃ vuccati *macchariyaṃ.* Yassa puggalassa idaṃ macchariyaṃ appahînaṃ ayaṃ vuccati *puggalo maccharî.*

4. *Katamo ca puggalo saṭho ?*

Tattha katamaṃ *sâṭheyyaṃ ?* Idh' ekacco saṭho hoti parisaṭho. Yaṃ tattha saṭhaṃ, saṭhatâ, sâṭheyyaṃ, kakkaratâ, kakkariyaṃ, parikkhatatâ, parikkhattiyaṃ, idaṃ vuccati *sâṭheyyaṃ.* Yassa puggalassa idaṃ sâṭheyyaṃ appahînaṃ ayaṃ vuccati *puggalo saṭho.*

Katamo ca puggalo mâyâvî ?

Tattha katamâ *mâyâ ?*

Idh' ekacco kâyena duccaritaṃ caritvâ, vâcâya duccaritaṃ caritvâ, manasâ duccaritaṃ caritvâ, tassa paṭicchâdanahetu pâpakaṃ icchaṃ paṇidahati, mâ maṃ jaññâ ti icchati mâ maṃ jaññâ ti saṃkappeti mâ maṃ jaññâ ti vâcaṃ bhâsati mâ maṃ jaññâ ti kâyena parakkamati : ya evarûpâ mâyâ, mâyâvitâ, acchâdanâ, vañcanâ, nikatî, nikaraṇâ, pariharaṇâ, gûhanâ, parigûhanâ, châdanâ, paricchâdanâ, anuttânikammaṃ, anâvikammaṃ, vicchâdanâ, pâpakiriyâ ayaṃ vuccati mâyâ. Yassa puggalassa ayaṃ mâyâ appahînâ ayaṃ vuccati *puggalo mâyâvî.*

5. *Katamo ca puggalo ahiriko ?*

Tattha katamaṃ *ahirikaṃ ?*

Yaṃ na hiriyati hiriyitabbena na hiriyati pâpakânaṃ akusalânaṃ dhammânaṃ samâpattiyâ idaṃ vuccati *ahirikaṃ*. Iminâ ahirikena samannâgato *puggalo ahiriko*.

Katamo ca puggalo anottappi?

Tattha katamaṃ *anottappaṃ?*

Yaṃ na ottappati ottappitabbena na ottappati pâpakânaṃ akusalânaṃ dhammânaṃ samâpattiyâ idaṃ vuccati anottappaṃ. Iminâ anottappena samannâgato puggalo *anottappi*.

6. *Katamo ca puggalo dubbaco?*

Tattha katamo *dovacassatâ?*

Sahadhammike vuccamâne dovacassâyaṃ dovacassiyaṃ dovacassatâ vippaṭikûlagâhitâ vipaccanîkasâtatâ anâdariyaṃ anâdariyatâ agâravatâ appaṭissavatâ ayaṃ vuccati *dovacassatâ*. Imâya dovacassatâya samannâgato *puggalo dubbaco*.

Katamo ca puggalo pâpamitto?

Tattha katamâ *pâpamittatâ?*

Ye te puggalâ assaddhâ dussîlâ appassutâ maccharino duppaññâ, yâ tesaṃ sevanâ nisevanâ saṃsevanâ bhajanâ sambhajanâ bhatti sambhatti sampavaṅkatâ ayaṃ vuccati *pâpamittatâ*. Imâya pâpamittatâya samannâgato *puggalo pâpamitto*.

7. *Katamo ca puggalo indriyesu aguttadvâro?*

Tattha katamâ *indriyesu aguttadvâratâ?*

Idh' ekacco puggalo cakkhunâ rûpaṃ disvâ nimittaggâhî hoti anuvyañjanaggâhî yatvâdhikaraṇam enaṃ cakkhundriyaṃ asaṃvutaṃ viharantaṃ abhijjhâdomanassâ pâpakâ akusalâ dhammâ anvâssaveyyuṃ: tassa saṃvarâya na paṭipajjati na rakkhati cakkhundriyaṃ cakkhundriye na saṃvaraṃ âpajjati; sotena saddaṃ sutvâ . . . pe . . . ghânena gandhaṃ ghâyitvâ . . . pe . . . jivhâya rasaṃ sâyitvâ . . . pe . . . kâyena phoṭṭhabbaṃ phusitvâ . . . pe . . . manasâ dhammaṃ viññâya nimittaggâhî hoti anuvyañjanaggâhî yatvâdhikaraṇam enaṃ manindriyaṃ asaṃvutaṃ viharantaṃ abhijjhâdomanassâ pâpakâ akusalâ dhammâ anvâssaveyyuṃ tassa saṃvarâya na paṭipajjti na rakkhati manindriyaṃ manindriye na saṃvaraṃ âpajjati. Yâ imesaṃ channaṃ indriyânaṃ agutti agopanâ anârakkho asaṃvaro ayaṃ vuccati *indriyesu aguttadvâratâ*. Imâya indriyesu aguttadvâratâya samannâgato *puggalo indriyesu aguttadvâro*.

Katamo ca puggalo bhojane amattaññû ?

Tattha katamâ *bhojane amattaññutâ ?*

Idh' ekacco appaṭisaṅkhâ ayoniso âhâraṃ âhâreti davâya, madâya, maṇḍanâya, vibhûsanâya, yâ tattha asantuṭṭhitâ amattaññutâ appaṭisaṅkhâ bhojane ayaṃ vuccati *amattaññutâ*. Imâya bhojane amattaññutâya samannâgato *puggalo bhojane amattaññû*.

8. *Katamo ca puggalo muṭṭhassati ?*

Tattha katamaṃ *muṭṭhasaccaṃ ?*

Yâ asati ananussati, appaṭissati, asaraṇatâ, adhâraṇatâ, vilâpanatâ, sammussanatâ, idaṃ vuccati muṭṭhasaccaṃ. Iminâ muṭṭhasaccena samannâgato *puggalo muṭṭhassati*.

Katamo ca puggalo asampajâno ?

Tattha katamaṃ *asampajaññaṃ ?*

Yam aññâṇaṃ, adassanaṃ, anabhisamayo, ananubodho, asambodho, appaṭivedho, asaṅgâhanâ, apariyogâhanâ, asamavekkhanâ, apaccavekkhanâ, apaccavekkhakammaṃ, dummejjhaṃ, bâlyaṃ, asampajaññaṃ, moho, pamoho sammoho, avijjâ, avijjogho, avijjâyogo, avijjânusayo, avijjâpariyuṭṭhânaṃ, avijjâlaṅgî, moho, akusalamûlaṃ, idaṃ vuccati asampajaññaṃ. Iminâ asampajaññena samannâgato *puggalo asampajâno*.

9. *Katamo ca puggalo* sîlavipanno ?

Tattha katamâ *sîlavipatti ?*

Kâyiko vîtikkamo, vâcasiko vîtikkamo, kâyikavâcasiko vîtikkamo, ayaṃ vuccati sîlavippatti: sabbam pi dussîlyaṃ sîlavippatti. Imâya sîlavipatti: samannâgato *puggalo sîlavipanno*.

Katamo ca puggalo diṭṭhivipanno ?

Tattha katamâ *diṭṭhivipatti ?*

N'atthi dinnaṃ, n'atthi yiṭṭhaṃ, n'atthi hutaṃ, n'atthi sukatadukkaṭânaṃ kammânaṃ phalaṃ vipâko, n' atthi ayaṃ loko, n'atthi paraloko, n'atthi mâtâ, n'atthi pitâ, n'atthi sattâ opapâtikâ, n'atthi loke samaṇabrâhmaṇâ samaggatâ sammâpaṭipannâ, ye imañ ca lokaṃ parañ ca lokaṃ sayam abhiññâ sacchikatvâ pavedentî ti; yâ evarûpâ diṭṭhi, diṭṭhigataṃ, diṭṭhigahaṇaṃ, diṭṭhikantâro, diṭṭhivisûkâyikaṃ diṭṭhivipphanditaṃ, diṭṭhisaññojanaṃ, gâho, paṭiggâho, abhiniveso, parâmâso, kummaggo, micchâpatho, micchattaṃ titthâyatanaṃ, vipariyesaggâho, ayaṃ vuccati diṭṭhivipatti. Sabbâpi micchâdiṭṭhi diṭṭhivipatti. Imâya diṭṭhivippattiyâ samannâgato *puggalo diṭṭhivipanno.*

10. *Katamo ca puggalo ajjhattasaññojano?*

Yassa puggalassa pañc' orambhâgiyâni saññojanâni appahînâni ayaṃ vuccati *puggalo ajjhattasaññojano.*

Katamo ca puggalo bahiddhâ-saññojano?

Yassa puggalassa pañc' uddhambhâgiyâni saññojanâni appahînâni ayaṃ vuccati *puggalo bahiddhâsaññojano.*

11. *Katamo ca puggalo akkodhano?*

Tattha katamo *kodho?*

Yo kodho kujjhanâ . . . pe [II. 1] . . . cittassa ayaṃ vuccati *kodho.* Yassa puggalassa ayaṃ kodho pahîno ayaṃ vuccati *puggalo akkodhano.*

Katamo ca puggalo anupanâhî?

Tattha katamo *upanâho?*

Pubbakâlaṃ kodho . . pe [II. 1] . . kodhassa ayaṃ vuccati *upanâho.* Yassa puggalassa ayaṃ upanâho pahîno ayaṃ vuccati *puggalo anupanâhî.*

12. *Katamo ca puggalo amakkhî?*

Tattha katamo *makkho?*

Yo makkho, makkhâyanâ, makkhâyitattaṃ, niddhunîyaṃ niddhunîyakammaṃ, ayaṃ vuccati *makkho.* Yassa puggalassa ayaṃ makkho pahîno ayaṃ vuccati *puggalo amakkhî.*

Katamo ca puggalo apaḷâsî?

Tattha katamo *paḷâso?*

Yo paḷâso . . . pe [II. 1] . . . *paḷâso.* Yassa puggalassa ayaṃ paḷâso pahîno ayaṃ vuccati *puggalo apaḷâsî.*

13. *Katamo ca puggalo anissukî?*

Tattha katamâ *issâ?*

Yâ paralâbhasakkâragarukâramânanavandanapûjanâsu issâyanâ, issâyitattaṃ, ussuyâ, ussuyanâ, ussuyitattaṃ, ayaṃ vuccati *issâ*. Yassa puggalassa ayaṃ issâ pahînâ ayaṃ vuccati *puggalo anissukî*.

Katamo ca puggalo amacchari?

Tattha katamaṃ *macchariyaṃ?*

Pañca macchariyâni: âvâsamacchariyaṃ, kulamacchariyaṃ, lâbhamacchariyaṃ, vaṇṇamacchariyaṃ, dhammamacchariyaṃ; yaṃ evarûpaṃ macchariyaṃ, maccharâyanâ, maccharâyitattaṃ, veviccham, kadariyaṃ, kaṭukañcukatâ, aggahitattaṃ cittassa, idaṃ vuccati *macchariyaṃ*. Yassa puggalassa idaṃ macchariyaṃ pahînaṃ ayaṃ vuccati *puggalo amacchari*.

14. *Katamo ca puggalo asaṭho?*

Tattha katamaṃ *sâṭheyyaṃ?*

Idh' ekacco puggalo saṭho hoti parisaṭho; yaṃ tattha saṭhaṃ saṭhatâ, sâṭheyyaṃ, kakkaratâ, kakkariyaṃ, parikkhatatâ, parikkhattiyaṃ, idaṃ vuccati *sâṭheyyaṃ*. Yassa puggalassa idaṃ sâṭheyyaṃ pahînaṃ ayaṃ vuccati *puggalo asaṭho*.

Katamo ca puggalo amâyâvî?

Tattha katamâ *mâyâ?*

Idh' ekacca puggalo kâyena duccaritaṃ caritvâ vâcâya duccaritaṃ caritvâ manasâ duccaritaṃ caritvâ, tassa paṭicchâdanahetu pâpakaṃ iccham paṇidahati, mâ maṃ jaññâ ti icchati, mâ maṃ jaññâ ti saṅkappeti, mâ maṃ jaññâ ti vâcaṃ bhâsati, mâ maṃ jaññâ ti kâyena parakkamati yâ evarûpâ mâyâ, mâyâvitâ, acchâdanâ, vañcanâ, nikatî, nikaraṇâ, pariharaṇâ, gûhanâ, parigûhanâ, châdanâ, paricchâdanâ, anuttânikammaṃ, anâvikammaṃ, vicchâdanâ, pâpakiriyâ, ayaṃ vuccati *mâyâ*. Yassa puggalassa ayaṃ mâyâ pahînâ ayaṃ vuccati *puggalo amâyâvî*.

15. *Katamo ca puggalo hirîmâ?*

Tattha katamâ *hirî?*

Yaṃ hiriyati hiriyitabbena hiriyati pâpakânaṃ akusalânaṃ dhammânaṃ samâpattiyâ, ayaṃ vuccati *hirî*. Imâya hiriyâ samannâgato *puggalo hirimâ*.

Katamo ca puggalo ottappî?

Tattha katamaṃ *ottappaṃ?*

Yaṃ ottappati ottappitabbena ottappati pâpakânaṃ akusalânaṃ dhammânaṃ samâpattiyâ, idaṃ vuccati *ottappaṃ*. Iminâ ottappena samannâgato *puggalo ottappî*.

16. *Katamo ca puggalo suvaco?*

Tattha katamâ *sovacassatâ?*

Sahadhammike vuccamâne sovacassâyaṃ sovacassiyaṃ sovacassatâ appaṭikûlagâhitâ avipaccanîkasâtatâ sâdariyaṃ sâdariyatâ sagâravatâ sappaṭissavatâ, ayaṃ vuccati *sovacassatâ*. Imâya sovacassatâya samannâgato *puggalo suvaco*.

Katamo ca puggalo kalyâṇamitto?

Tattha katamâ *kalyâṇamittatâ?*

Ye te puggalâ saddhâ, sîlavanto, bahussutâ, câgavanto, paññavanto, yâ tesaṃ sevanâ, nisevanâ, saṃsevanâ, bhajanâ, saṃbhajanâ, bhatti, sampavaṅkatâ, ayaṃ vuccati *kalyâṇamittatâ*. Imâyâ kalyâṇamittatâya samannâgato *puggalo kalyâṇamitto*.

17. *Katamo ca puggalo indriyesu guttadvâro?*

Tattha katamâ *indriyesu guttadvâratâ?*

Idh' ekacco cakkhunâ rûpaṃ disvâ na nimittaggâhî hoti nânuvyañjanaggâhî yatvâdhikaraṇam enaṃ cakkhundriyaṃ asaṃvutaṃ viharantaṃ abhijjhâdomanassâ pâpakâ akusalâ dhammâ anvâssaveyyuṃ tassa: saṃvarâya paṭipajjati rakkhati cakkhunindriyaṃ cakkhundriye saṃvaram âpajjati; sotena saddaṃ sutvâ . . . pe . . . ghânena gandhaṃ ghâyitvâ. . . . pe . . . jivhâya rasaṃ sâyitvâ . . . pe . . . kâyena phoṭṭhabbaṃ phusitvâ . . . pe . . . manasâ dhammaṃ viññâya na nimittaggâhî hoti nânuvyañjanaggâhî yatvâdhikaraṇam enaṃ manindriyaṃ asaṃvutaṃ viharantaṃ abhijjâdomanassâ pâpakâ akusalâ dhammâ anvâssaveyyuṃ tassa saṃvarâya paṭipajjati rakkhati manindriyaṃ manindriye saṃvaraṃ âpajjati. Yâ imesaṃ channaṃ indriyânaṃ gutti, gopanâ, ârakkho, saṃvaro ayaṃ vuccati *indriyesu guttadvâratâ.* Imâya indriyesu guttadvâratâya samannâgato *puggalo indriyesu guttadvâro.*

Katamo ca puggalo bhojane mattaññû?

Tattha katamâ *bhojane mattaññutâ?*

Idh' ekacco paṭisaṅkhâ yoniso âhâraṃ âhâreti n' eva davâya, na madâya, na maṇḍanâya, na vibhûsanâya, yâvad eva imassa kâyassa ṭhitiyâ, yâpanâya, vihiṃsûparatiyâ, brahmacariyânuggahâya iti purâṇañ ca vedanaṃ paṭisaṅkhâmi, navañ ca vedanaṃ na uppâdessâmi, yatrâ ca me bhavissati anavajjatâ ca phâsuvihâro câti. Yâ tattha santuṭṭhitâ mattaññutâ paṭisaṅkhâ bhojane ayaṃ vuccati *bhojane mattaññutâ.* Imâya bhojane mattaññutâya samannâgato *puggalo bhojane mattaññûtâ.*

18. *Katamo ca puggalo upaṭṭhitasati?*

Tattha katamâ *sati?*

Yâ sati anussati, paṭissati, saraṇatâ, dhâraṇatâ, avilâpanatâ, asammussanatâ, sati, satindriyaṃ, satibalaṃ, sammâsati, ayaṃ vuccati *sati.* Imâya satiyâ samannâgato *puggalo upaṭṭhitasati.*

Katamo ca puggalo sampajâno?

Tattha katamaṃ *sampajaññaṃ?*

Yâ paññâ pajânanâ, vicayo, pavicayo, dhammavicayo, sallakkhaṇâ, upalakkhaṇâ, paccupalakkhaṇâ, paṇḍiccaṃ, kosallaṃ, nepuññaṃ, vebhavyâ cintâ, upaparikkhâ, bhûrî, medhâ pariṇâyikâ, vipassanâ, sampajaññaṃ, patodo, paññâ, paññindriyaṃ, paññâ-balaṃ, paññâ-satthaṃ, paññâ-pasâdo, paññâ-âloko, paññâ-obhâso, paññâ-pajjoto, paññâ-ratanaṃ, amoho, dhammavicayo, sammâdiṭṭhi, idaṃ vuccati *sampajaññaṃ.* Iminâ sampajaññena samannâgato *puggalo sampajâno.*

19. *Katamo ca puggalo sîlasampanno?*

Tattha katamâ *sîlasampadâ?*

Kâyiko avîtikkamo, vâcasiko avîtikkamo, kâyikavâcasiko avîtikkamo, ayaṃ vuccati *sîlasampadâ*: sabbo pi sîlasaṃvaro sîlasampadâ. Imâya sîlasampadâya samannâgato *puggalo sîlasampanno.*

Katamo ca puggalo diṭṭhisampanno?

Tattha katamâ *diṭṭhisampadâ?*

Atthi dinnaṃ, atthi yitthaṃ, atthi hutaṃ, atthi sukatadukkaṭânaṃ kammânaṃ phalaṃ vipâko, atthi ayaṃ loko, atthi paraloko, atthi mâtâ, atthi pitâ, atthi sattâ opapâtikâ, atthi loke samaṇabrâhmaṇâ samaggatâ sammâpaṭipannâ ye imañ ca lokaṃ parañ ca lokaṃ sayaṃ abhiññâ sacchikatvâ pavedentî ti: yâ evarûpâ paññâ pajânanâ . . . pe . . . [II. 18] amoho, dhammavicayo, sammâdiṭṭhi, ayaṃ vuccati *diṭṭhisampadâ*: sabbâpi sammâdiṭṭhi diṭṭhisampadâ. Imâya diṭṭhisampadâya samannâgato *puggalo diṭṭhisampanno.*

20. *Katame dve puggalâ dullabhâ lokasmiṃ?*

Yo ca pubbakârî yo ca kataññukatavedî ime dve *puggalâ dullabhâ lokasmiṃ.*

21. *Katame dve puggalâ duttappayâ?*

Yo ca laddhaṃ laddhaṃ nikkhipati yo ca laddhaṃ laddhaṃ visajjeti ime *dve puggalâ duttappayâ.*

22. Katame dve *puggalâ sutappayâ?*

Yo ca laddhaṃ laddhaṃ na nikkhipati yo ca laddhaṃ laddhaṃ na visajjeti ime *dve puggalâ sutappayâ.*

23. *Katamesaṃ dvinnaṃ puggalânaṃ âsavâ vaḍḍhanti?*

Yo ca na kukkuccâyitabbaṃ kukkuccâyati yo ca kukkuccâyitabbaṃ na kukkuccâyati, *imesaṃ dvinnaṃ puggalânaṃ âsavâ vaḍḍhanti.*

24. *Katamesaṃ dvinnaṃ puggalânaṃ âsavâ na vaḍḍhanti?*

Yo ca na kukkuccâyitabbaṃ na kukkuccâyati yo ca kukkuccâyitabbaṃ kukkuccâyati, *imesaṃ dvinnaṃ puggalânaṃ âsavâ na vaḍḍhanti.*

25. *Katamo ca puggalo hînâdhimutto?*

Idh' ekacco puggalo dussîlo hoti pâpadhammo, so aññaṃ dussîlaṃ pâpadhammaṃ sevati bhajati payirupâsati: ayaṃ vuccati *puggalo hînâdhimutto?*

Katamo ca puggalo paṇîtâdhimutto?

Idh' ekacco puggalo sîlavâ hoti kalyâṇadhammo so aññaṃ sîlavantaṃ kalyâṇadhammaṃ sevati bhajati payirupâsati: ayaṃ vuccati *puggalo paṇîtâdhimutto.*

26. *Katamo ca puggalo titto?*

Paccekasambuddhâ ye ca Tathâgatassa sâvakâ arahante tittâ: sammâsambuddho titto ca tappetâ ca.

III.

TAYO PUGGALÂ.

1. *Katamo ca puggalo nirâso?*

Idh' ekacco puggalo dussîlo hoti, pâpadhammo asucisaṅkassarasamâcâro, paṭicchannakammanto, asamaṇo, samaṇapaṭiñño, abrahmacârî, brahmacârîpatiñño, antopûtî, avassuto, kasambukajâto: so suṇâti:- itthannâmo kira bhikkhu âsavânaṃ khayâ anâsavaṃ cetovimuttiṃ paññavimuttiṃ diṭṭh' eva dhamme sayam abhiññâ sacchikatvâ upasampajja viharatî ti: tassa na evaṃ hoti kudâssu nâmâham pi âsavânaṃ khayâ . . . pe . . . upasampajja viharissâmî ti: ayaṃ vuccati *puggalo nirâso.*

Katamo ca puggalo âsaṃso?

Idh' ekacco puggalo sîlavâ hoti kalyâṇadhammo: so suṇâti:- itthannâmo kira bhikkhu âsavânaṃ khayâ anâsavaṃ cetovimuttiṃ paññavimuttiṃ diṭṭh' eva dhamme sayaṃ abhiññâ sacchikatvâ upasampajja viharatî ti: tassa evaṃ hoti kudâssu nâmâham pi âsavânaṃ khayâ . . . pe . . . upasampajja viharissâmî ti: ayaṃ vuccati *puggalo âsaṃso.*

Katamo ca puggalo vigatâso?

Idh' ekacco puggalo âsavânaṃ khayâ anâsavaṃ cetovimuttiṃ paññavimuttiṃ diṭṭh' eva dhamme sayaṃ abhiññâ sacchikatvâ upasampajja viharatî ti: so suṇâti:—itthannâmo kira bhikkhu âsavânaṃ khayâ . . . pe . . . upasampajja viharatî ti; tassa na evaṃ hoti kudâssu nâmâham pi âsavânaṃ khayâ . . . pe . . . viharissâmi ti. Taṃ kissa hetu? Yâ hi 'ssa pubbe avimuttassa vimuttâsâ sâ hi paṭipassaddhâ ayaṃ vuccati *puggalo vigatâso.*

2. *Tattha katame tayo gilânupamâ puggalâ?*

Tayo gilânâ:—Idh' ekacco gilâno labhanto vâ sappâyâni

bhojanâni alabhanto vâ sappâyâni bhojanâni, labhanto vâ sappâyâni bhesajjâni alabhanto vâ sappâyâni bhesajjâni, labhanto vâ paṭirûpaṃ upaṭṭhâkaṃ alabhanto vâ paṭirûpaṃ upaṭṭhâkaṃ n' eva vuṭṭhâti tamhâ âbâdhâ.

Idha pan' ekacco gilâno labhanto vâ sappâyâni bhojanâni alabhanto vâ sappâyâni bhojanâni, labhanto vâ sappâyâni bhesajjâni alabhanto vâ sappâyâni bhesajjâni, labhanto vâ paṭirûpaṃ upaṭṭhâkaṃ alabhanto vâ paṭirûpaṃ upaṭṭhâkaṃ vuṭṭhâti tamhâ âbâdhâ.

Idha pan' ekacco gilâno labhanto sappâyâni bhojanâni no alabhanto, labhanto sappâyâni bhesajjâni no alabhanto, labhanto paṭirûpam upaṭṭhâkaṃ no alabhanto vuṭṭhâti tamhâ âbâdhâ.

Tatra yvâyaṃ gilâno labhanto sappâyâni bhojanâni no alabhanto, labhanto sappâyâni bhesajjâni no alabhanto, labhanto paṭirûpaṃ upaṭṭhâkaṃ no alabhanto vuṭṭhâti tamhâ âbâdhâ, imaṃ gilânaṃ paṭicca Bhagavatâ gilânabhattaṃ anuññâtaṃ, gilânabhesajjaṃ anuññâtaṃ, gilânupaṭṭhâko anuññâto; imañ ca pana gilânaṃ paṭicca aññe pi gilânâ upaṭṭhâtabbâ.

Evam evaṃ tayo gilânupamâ puggalâ santo saṃvijjamânâ lokasmiṃ. Katame tayo?

Idh' ekacco puggalo labhanto vâ Tathâgataṃ dassanâya alabhanto vâ Tathâgataṃ dassanâya, labhanto vâ Tathâgatappaveditaṃ dhammavinayaṃ savanâya, alabhanto vâ Tathâgatappaveditaṃ dhammavinayaṃ savanâya n' eva okkamati niyâmaṃ kusalesu dhammesu sammattaṃ.

Idha pan' ekacco puggalo labhanto vâ . . . pe . . . savanâya okkamati niyâmaṃ kusalesu dhammesu sammattaṃ.

Idha pan' ekacco puggalo labhanto Tathâgataṃ dassanâya no alabhanto, labhanto Tathâgatappaveditaṃ dhammavinayaṃ savanâya no alabhanto okkamati niyâmaṃ kusalesu dhammesu sammattaṃ.

Tatra yo ayaṃ puggalo labhanto Tathâgataṃ dassanâya no alabhanto, labhanto Tathâgatappaveditaṃ dhammavinayaṃ savanâya no alabhanto okkamati niyâmaṃ kusalesu dhammesu sammattaṃ, imaṃ puggalaṃ paṭicca Bhagavatâ dhammadesanâ anuññâtâ: imañ ca pana puggalaṃ paṭicca aññesam pi dhammo desetabbo: ime *tayo gilânupamâ puggalâ* santo saṃvijjamânâ lokasmiṃ.

3. *Katamo ca puggalo kâyasakkhî?*

Idh' ekacco puggalo aṭṭha vimokkhe kâyena phusitvâ viharati, paññâya c' assa disvâ ekacce âsavâ parikkhiṇâ honti, ayaṃ vuccati *puggalo kâyasakkhî.*

Katamo ca puggalo diṭṭhippatto?

Idh' ekacco puggalo idaṃ dukkhan ti yathâbhûtaṃ pajânâti . . . pe . . . ayaṃ dukkhanirodhagâminî paṭipadâ ti yathâbhûtaṃ pajânâti, Tathâgatappaveditâ c' assa dhammâ paññâya vodiṭṭhâ honti vo caritâ, paññâya c' assa disvâ ekacce âsavâ parikkhîṇâ honti, ayaṃ vuccati *puggalo* diṭṭhippatto.

Katamo ca puggalo saddhârimutto?

Idh' ekacco puggalo idaṃ dukkhan ti yathâbhûtaṃ pajânâti . . . pe . . . [I. 34] âsavâ parikkhîṇâ honti no ca kho yathâ diṭṭhipattassa, ayaṃ vuccati *puggalo saddhârimutto.*

4. *Katamo ca puggalo gûthabhâṇî?*

Idh' ekacco puggalo musâvâdî hoti sabhaggato vâ parisaggato vâ ñâtimajjhagato vâ pûgamajjhagato vâ râjakulamajjhagato vâ abhinîto sakkhi- puṭṭho :- ehi bho purisa yaṃ janâsi taṃ vadehî ti. So ajânaṃ vâ aham janâmî ti, jânaṃ vâ ahaṃ na jânâmî ti, apassaṃ vâ ahaṃ passâmî ti passaṃ vâ ahaṃ na passâmî ti, iti attahetu vâ parahetu vâ âmisakiñcikkhahetu vâ sampajânamusâ bhâsitâ hoti: ayaṃ vuccati puggalo gûthabhâṇî.

Katamo ca puggalo pupphabhâṇî?

Idh' ekacco puggalo musâvâdaṃ pahâya musâvâdâ paṭivirato hoti sabhaggato vâ parisaggato vâ ñâtimajjhagato vâ pûgamajjhagato vâ râjakulamajjhagato vâ abhinîto sakkhipuṭṭho :- ehi bho purisa yaṃ jânâsi taṃ vadehî ti. So ajânaṃ vâ ahaṃ na jânâmî ti, jânaṃ vâ ahaṃ jânâmî ti, apassaṃ vâ ahaṃ na passâmî ti, passaṃ vâ ahaṃ passâmî ti, iti attahetu vâ parahetu vâ âmisakiñcikkhahetu vâ na sampajânamusâbhâsitâ hoti: ayaṃ vuccati *puggalo pupphabhâṇî.*

Katamo ca puggalo madhubhâṇî?

Idh' ekacco puggalo yâ sâ vâcâ neḷâ, kaṇṇasukhâ, pemaniyâ, hadayaṅgamâ, porî, bahujanakantâ, bahujanamanâpâ, tathârûpaṃ vâcaṃ bhâsitâ hoti, ayaṃ vuccati *puggalo madhubhâṇî.*

5. *Katamo ca puggalo arukûpamacitto?*

Idh' ekacco puggalo kodhano hoti, upâyâsabahulo, appaṃ pi vutto samâno, abhisajjati, kuppati, vyâpajjati, patiṭṭhîyati, kopañ ca dosañ ca appaccayañ ca pâtukaroti: seyyathâpi nâma duṭṭhâruko kaṭṭhena vâ kaṭhalâya vâ ghaṭṭito bhîyyosomattâya âsavaṃ deti: evam evaṃ idh' ekacco puggalo kodhano hoti . . . pe . . . pâtukaroti: ayaṃ vuccati puggalo arukûpamacitto.

Katamo ca puggalo vijjûpamacitto?

Idh' ekacco puggalo idaṃ dukkhan ti yathâbhûtaṃ pajânâti . . . pe [III. 3] . . . ayaṃ dukkhanirodhagâminî paṭipadâ ti yathâbhûtaṃ pajânâti: seyyathâpi nâma cakkhumâ puriso rattandhakâratimisâya vijjantarikâya rûpâni passeyya: evam eva idh' ekacco puggalo . . . pe . . . pajânâti: ayaṃ vuccati *puggalo vijjûpamacitto.*

Katamo ca puggalo vajirûpamacitto?

Idh' ekacco puggalo âsavânaṃ khayâ anâsavaṃ cetovimuttiṃ paññâvimuttiṃ diṭṭh' eva dhamme sayaṃ abhiññâ sacchikatvâ upasampajja viharati: seyyathâpi nâma vajirassa n' atthi kiñci abhejjaṃ maṇi vâ pâsâṇo vâ: evam evaṃ idh' ekacco puggalo âsavânaṃ . . . pe . . . viharati: ayaṃ vuccati *puggalo vajirûpamacitto.*

6. *Katamo ca puggalo andho?*

Idh' ekaccassa puggalassa tathârûpaṃ cakkhu na hoti yathârûpena cakkhunâ anadhigataṃ vâ bhogaṃ adhigaccheyya adhigataṃ vâ bhogaṃ phâtiṃ kâreyya tathârûpaṃ pi 'ssa cakkhu na hoti yathârûpena cakkhunâ kusalâ kusale dhamme jâneyya, sâvajjânavajje dhamme jâneyya, hînapaṇîte dhamme jâneyya, kaṇha-sukka-sappaṭibhâge dhamme jâneyya: ayaṃ vuccati *puggalo andho.*

Katamo ca puggalo ekacakkhu?

Idh' ekaccassa puggalassa tathârûpaṃ cakkhu hoti yathârûpena cakkhunâ anadhigataṃ vâ bhogaṃ adhigaccheyya adhigataṃ vâ bhogaṃ phâtiṃ kareyya tathârûpam pi 'ssa cakkhu na hoti yathârûpena cakkhunâ kusalâ kusale dhamme jâneyya, sâvajjânavajje dhamme jâneyya, hînapaṇîte dhamme jâneyya, kaṇha-sukka-sappaṭibhâge dhamme jâneyya: ayaṃ vuccati puggalo ekacakkhu.

Katamo ca puggalo dvicakkhu?

Idh' ekaccassa puggalassa tathârûpaṃ cakkhu hoti yathârûpena cakkhunâ anadhigataṃ vâ bhogaṃ adhigaccheyya adhigataṃ vâ bhogaṃ phâtiṃ kareyya, tathârûpam pi 'ssa cakkhu hoti yathârûpena cakkhunâ kusalâ kusale dhamme jâneyya, sâvajjânavajje dhamme jâneyya, hînapaṇîte dhamme jâneyya, kaṇha-sukka-sappaṭibhâge dhamme jâneyya: ayaṃ vuccati *puggalo dvicakkhu.*

7. *Katamo ca puggalo avakujjapañño?*

Idh' ekacco puggalo ârâmaṃ gantvâ hoti abhikkhaṇaṃ bhikkhûnaṃ santike dhammasavanâya: tassa bhikkhû dhammaṃ desenti âdi kalyâṇaṃ majjhe kalyâṇaṃ pariyosâṇaṃ kalyâṇaṃ sâtthaṃ savyañjanaṃ kevala-paripuṇṇaṃ parisuddhaṃ brahmacariyaṃ pakâsenti: so tasmiṃ âsane nisinno tassâ kathâya n' eva âdiṃ manasikaroti, na majjhaṃ manasikaroti, na pariyosânaṃ manasikaroti; vuṭṭhito pi tamhâ âsanâ tassâ kathâya n' eva âdiṃ . . . pe . . . pariyosânaṃ manasikaroti: seyyathâpi nâma kumbho nikkujjo tatra udakaṃ âsittaṃ vivattati no saṇṭhâti, evam evaṃ idh' ekacco puggalo ârâmam . . . pe . . . na pariyosânaṃ manasikaroti: ayaṃ vuccati *puggalo avakujjapañño.*

Katamo ca puggalo ucchaṅgapañño?

Idh' ekacco puggalo ârâmaṃ gantvâ hoti abhikkhaṇaṃ bhikkhûnaṃ santike dhammasavanâya: tassa bhikkhû dhammaṃ desenti âdi kalyâṇaṃ majjhe kalyâṇaṃ pariyosânaṃ kalyânaṃ sâtthaṃ savyañjanaṃ kevalaparipuṇṇaṃ parisuddhaṃ brahmacariyaṃ pakâsenti: so tasmim âsane nisinno tassâ kathâya âdim pi manasikaroti majjham pi manasikaroti pariyosânam pi manasikaroti: vuṭṭhito ca kho tamhâ âsanâ tassâ kathâya n' eva âdiṃ manasikaroti na majjhaṃ manasikaroti na pariyosânaṃ manasikaroti: seyyathâpi nâma purisassa ucchaṅge nânâkhajjakâni âkiṇṇâni tilataṇḍulâ modakâ badarâ, so tamhâ âsanâ vuṭṭhahanto satisammosâ pakireyya; evam evaṃ idh' ekacco puggalo ârâmaṃ . . . pe . . . na pariyosânaṃ manasikaroti: ayam vuccati *puggalo ucchaṅgapañño.*

Katamo ca puggalo puthupañño?

Idh' ekacco puggalo ârâmaṃ gantvâ hoti . . . pe . . . pariyosânam pi manasikaroti: vuṭṭhito pi tamhâ âsanâ tassâ kathâya âdim pi manasikaroti majjham pi manasikaroti pariyosânam pi manasikaroti; seyyathâpi kumbho ukkujjo tatth' eva udakaṃ âsittaṃ saṇṭhâti no vivattati: evam evaṃ idh' ekacco puggalo ârâmaṃ . . . pe . . . na pariyosânaṃ manasikaroti: ayaṃ vuccati *puggalo puthupañño.*

8. *Katamo ca puggalo kâmesu ca bhavesu ca avîtarâgo?*

Sotâpannasakadâgâmino, ime vuccanti *puggalâ kâmesu ca bhavesu ca avîtarâgâ.*

Katamo ca puggalo kâmesu vîtarâgo bhavesu avîtarâgo?

Anâgâmî, ayaṃ vuccati *puggalo kâmesu vîtarâgo bhavesu avîtarâgo.*

Katamo ca puggalo kâmesu ca bhavesu ca vîtarâgo?

Arahâ, ayaṃ vuccati *puggalo kâmesu ca bhavesu ca vîtarâgo.*

9. *Katamo ca puggalo pâsâṇalekhûpamo?*

Idh' ekacco puggalo abhiṇhaṃ kujjhati, so ca khvassa kodho ciraṃ dîgharattaṃ anuseti; seyyathâpi nâma pâsâṇalekhâ na khippaṃ lujjati vâtena vâ udakena vâ ciraṭṭhitikâ hoti, evam evaṃ idh' ekacco puggalo . . . anuseti: ayaṃ vuccati *puggalo pâsâṇalekkhûpamo.*

Katamo ca puggalo paṭhavîlekhûpamo?

Idh' ekacco puggalo abhiṇhaṃ kujjhati so ca khvassa kodho na ciraṃ dîgharattaṃ anuseti; seyyathâpi nâma paṭhaviyâ lekhâ khippaṃ lujjati vâtena vâ udakena vâ na ciraṭṭhitikâ hoti, evam evaṃ idh' ekacco puggalo . . . anuseti: ayaṃ vuccati *puggalo paṭhavî ekhûpamo.*

Katamo ca puggalo udakalekhûpamo?

Idh' ekacco puggalo agâḷhena pi vuccamâno pharusena pi vuccamâno amanâpena pi vuccamâno saṃsandati c' eva sandhîyati c' eva sammodati c' eva; seyyathâpi nâma udakalekhâ khippaṃ lujjati na ciraṭṭhitikâ hoti, evam evaṃ idh' ekacco puggalo . . . sammodati c' eva: ayaṃ vuccati *puggalo udakalekhûpamo.*

10. *Tattha katame tayo potthakûpamâ puggalâ?*

Tayo potthakâ:- navo pi potthako dubbaṇṇo c' eva hoti dukkhasamphasso ca appaggho ca, majjhimo pi potthako dubbaṇṇo c' eva hoti dukkhasamphasso ca appaggho ca, jiṇṇo pi potthako dubbaṇṇo c' eva hoti dukkhasamphasso ca appaggho ca; jiṇṇam pi potthakaṃ ukkhaliparimajjanaṃ vâ karonti saṅkârakûṭe vâ naṃ chaḍḍenti. Evam evaṃ tayo 'me *potthakûpamâ puggalâ* santo saṃvijjamâna bhikkhûsu. Katame tayo?

Navo ce pi bhikkhu hoti dussîlo pâpadhammo, idam assa dubbaṇṇatâya: seyyathâpi so potthako dubbaṇṇo, tathûpamo ayaṃ puggalo. Ye kho pan' assa sevanti bhajanti payirupâsanti diṭṭhânugatiṃ âpajjanti tesaṃ taṃ hoti dîgharattaṃ ahitâya dukkhâya, idam assa dukkhasamphassatâya: seyyathâpi so potthako dukkhasamphasso tathûpamo ayaṃ puggalo. Yesaṃ kho pana paṭigaṇhâti cîvarapiṇḍapâtasenâsanagilânapaccayabhesajjaparikkhâraṃ tesaṃ taṃ na mahapphalaṃ hoti na mahânisaṃsaṃ, idam assa appagghatâya: seyyathâpi so potthako appaggho, tathûpamo ayaṃ puggalo: majjhimo ce pi bhikkhu hoti . . . pe . . . thero ce pi bhikkhu hoti dussîlo pâpadhammo, idam assa dubbaṇṇatâya: seyyathâpi so potthako dubbaṇṇo, tathûpamo ayaṃ puggalo. Ye kho pan' assa sevanti bhajanti payirupâsanti diṭṭhânugatiṃ âpajjanti tesan taṃ hoti dîgharattaṃ ahitâya dukkhâya, idam assa dukkhasamphassatâya: seyyathâpi so potthako dukkhasamphasso tathûpamo ayaṃ puggalo. Yesaṃ kho pana paṭigaṇhâti cîvarapiṇḍapâtasenâsanagilânapaccayabhesajjaparikkhâraṃ tesan taṃ na mahapphalaṃ hoti na mahânisaṃsaṃ, idam assa appagghatâya: seyyathâpi so potthako appaggho, tathûpamo ayaṃ puggalo. Evarûpo ce thero bhikkhu saṅghamajjhe bhaṇati tam enaṃ bhikkhû evam âhaṃsu:- kiṃ nu kho tuyhaṃ bâlassa avyattassa bhaṇitena tvaṃ pi nâma bhaṇitabbaṃ maññasîti: so kuppito anattamano tathârûpaṃ vâcaṃ nicchâreti: yathârûpâya vâcâya saṅgho tam ukkhipati saṅkârakûṭe va naṃ potthakaṃ ime *tayo potthakûpamâ puggalâ* santo saṃvijjamânâ bhikkhûsu.

11. *Tattha katame tayo kâsikavatthûpamâ puggalâ?*

Tîṇi kâsikavatthâni:—navam pi kâsikavatthaṃ vaṇṇavantaṃ c' eva hoti sukhasamphassañ ca mahagghañ ca; majjimam pi kâsikavatthaṃ vaṇṇavantaṃ c' eva hoti sukhasamphassañ ca mahagghañ ca; jiṇṇam pi kâsikavatthaṃ vaṇṇavantaṃ c' eva hoti sukhasamphassañ ca mahagghañ ca; jiṇṇam pi kâsikavatthaṃ ratanapaliveṭhanaṃ vâ karonti gandhakaraṇḍake vâ naṃ nikkhipanti. Evam evaṃ tayo 'me kâsikavatthûpamâ puggalâ santo saṃvijjamânâ bhikkhûsu. Katame tayo?

Navo ce pi bhikkhu hoti sîlavâ kalyâṇadhammo, idam assa suvaṇṇatâya: seyyathâpi taṃ kâsikavatthaṃ vaṇṇavantaṃ, tathûpamo ayaṃ puggalo. Ye kho pan' assa sevanti bhajanti payirupâsanti diṭṭhânugatiṃ âpajjanti tesaṃ taṃ hoti dîgharattaṃ hitâya sukhâya idam assa sukhâ-samphassatâya: seyyathâpi taṃ kâsikavatthaṃ sukhasamphassaṃ tathûpamo ayaṃ puggalo. Yesaṃ kho pana paṭigaṇhâti cîvarapiṇḍapâtasenâsanagilânapaccayabhesajjaparikkhâraṃ tesaṃ taṃ mahâphalaṃ hoti mahânisaṃsaṃ, idam assa mahagghatâya: seyyathâpi taṃ kâsikavatthaṃ mahagghaṃ tathûpamo ayaṃ puggalo: majjhimo ce pi bhikkhu . . . pe . . . thero ce pi bhikkhu hoti sîlavâ kalyânadhammo, idam assa suvaṇṇatâya, seyyathâpi kâsikavatthaṃ vaṇṇavantaṃ tath' ûpamo ayaṃ puggalo. Ye kho pan' assa sevanti bhajanti payirupâsanti diṭṭhânugatiṃ âpajjanti tesaṃ tam hoti dîgharattaṃ hitâya sukhâya, idam assa sukhasamphassatâya: seyyathâpi taṃ kâsikavatthaṃ sukhasamphassaṃ, tathûpamo ayaṃ puggalo. Yesaṃ kho pana paṭigaṇhâti cîvarapiṇḍapâtasenâsanagilânapaccayabhesajjaparikkhâraṃ tesaṃ taṃ mahaphalaṃ hoti mahanisaṃsaṃ, idam assa mahagghatâya: seyyathâpi taṃ kâsikavatthaṃ mahagghaṃ tathûpamo ayaṃ puggalo. Evarûpo ce thero bhikkhu saṅghamajjhe bhaṇati, tam enaṃ bhikkhû evam âhaṃsu:- appasaddâ âyasmanto hotha, thero bhikkhu dhammañ ca vinayañ ca bhaṇatî ti, tassa taṃ vacanaṃ âdheyyaṃ gacchati gandhakaraṇḍake va naṃ kâsikavatthaṃ ime *tayo kâsikavatthûpamâ puggalo* santo saṃvijjamâno bhikkhûsu.

12. *Katamo ca puggalo suppameyyo?*

Idh' ekacco puggalo uddhato hoti, unnalo, capalo, mukharo, vikiṇṇavâco, muṭṭhasati, asampajâno, asamâhito, vibbhantacitto, pâkaṭindriyo: ayaṃ vuccati *puggalo suppameyyo.*

Katamo ca puggalo duppameyyo?

Idh' ekacco puggalo anuddhato hoti, anunnalo, acapalo, amukharo, avikiṇṇavâco, uppaṭṭhitasati, sampajâno, samâhito, ekaggacitto, saṃvutindriyo: ayaṃ vuccati *puggalo duppameyyo.*

Katamo ca puggalo appameyyo?

Idh' ekacco puggalo âsavânaṃ khayâ anâsavaṃ cetovimuttiṃ paññâvimuttiṃ diṭṭh' eva dhamme sayaṃ abhiññâ sacchikatvâ upasampajja viharati: ayaṃ vuccati *puggalo appameyyo.*

13. *Katamo ca puggalo na sevitabbo, na bhajitabbo, na payirupâsitabbo?*

Idh' ekacco puggalo hîno hoti sîlena samâdhinâ paññâya, evarûpo puggalo na sevitabbo, na bhajitabbo, na payirupâsitabbo aññatra anuddayâ, aññatra anukampâ.

Katamo ca puggalo sevitabbo, bhajitabbo, payirupâsitabbo?

Idh' ekacco puggalo sadiso hoti sîlena samâdhinâ paññâya, evarûpo puggalo sevitabbo, bhajitabbo, payirupâsitabbo. Taṃ kissa hetu? Sîlasâmaññagatânaṃ sataṃ sîlakathâ ca no bhavissati, sâ ca no phâsu bhavissati, sâ ca no pavattinî bhavissati; samâdhisâmaññagatânaṃ sataṃ samâdhikathâ ca no bhavissati, sâ ca no phâsu bhavissati, sâ ca no pavattinî bhavissati; paññâsâmaññagatânaṃ sataṃ paññâkathâ ca no bhavissati, sâ ca no phâsu bhavissati, sâ ca no pavattinî bhavissati; tasmâ evarûpo *puggalo sevitabbo, bhajitabbo, payirupâsitabbo.*

Katamo ca puggalo sakkatvâ garuṅkatvâ sevitabbo, bhajitabbo, payirupâsitabbo?

Idh' ekacco puggalo adhiko hoti sîlena samâdhinâ paññâya evarûpo puggalo sakkatvâ garuṅkatvâ sevitabbo, bhajitabbo, payirupâsitabbo. Taṃ kissa hetu? Aparipûraṃ vâ sîlakkhandham paripûrissâmi paripûraṃ vâ sîlakkhandaṃ tattha tattha paññâya anuggahissâmi; aparipûraṃ vâ samâdhikkhandhaṃ paripûrissâmi paripûraṃ vâ samâdhikkhandhaṃ tattha tattha paññâya anuggahissâmi; aparipûraṃ vâ paññâkkhandhaṃ paripûrissâmi paripûraṃ vâ paññâkkhandhaṃ tattha tattha paññâya anuggahissâmi: tasmâ evarûpo *puggalo sakkatvâ garuṅkatvâ sevitabbo, bhajitabbo, payirûpâsitabbo.*

14. *Katamo ca puggalo jigucchitabbo, na sevitabbo, na bhajitabbo, na payirupâsitabbo?*

Idh' ekacco puggalo dussîlo hoti, pâpadhammo, asucisaṅkassarasamâcâro, paṭicchannakammanto, asamaṇo, samaṇapaṭiñño, abrahmacârî, brahmacâripaṭiñño, antopûtî, avassuto, kasambukajâto, evarûpo puggalo jigucchitabbo, na sevitabbo, na bhajitabbo, na payirupâsitabbo. Taṃ kissa hetu? Kiñcâpi evarûpassa puggalassa na diṭṭhânugatim âpajjati, atha kho naṃ pâpako kittisaddo abbhuggacchati pâpamitto purisapuggalo pâpasahâyo pâpasampavaṅko: seyyathâpi nâma ahigûthagato kiñcâpi na ḍasati atha kho naṃ makkheti: evam evaṃ kiñcâpi evarûpassa puggalassa na diṭṭhânugatiṃ âpajjati, atha kho naṃ pâpo kittisaddo abbhuggacchati pâpamitto purisapuggalo pâpasahâyo pâpasampavaṅko ti: tasmâ evarûpo *puggalo jigucchitabbo, na sevitabbo, na bhajitabbo, na payirupâsitabbo.*

Katamo ca puggalo ajjhupekkhitabbo na sevitabbo, na bhajitabbo, na payirupâsitabbo?

Idh' ekacco puggalo kodhano hoti upâyâsabahulo appaṃ pi vutto samâno abhisajjati, kuppati, vyâpajjati, patiṭṭhîyati, kopañ ca dosañ ca appaccayañ ca pâtukaroti, seyyathâpi nâma duṭṭhâruko kaṭṭhena vâ kaṭhalâya vâ ghaṭṭito bhîyyo-somattâya âsavaṃ deti, evam evam idh' ekacco puggalo kodhano hoti upâyâsabahulo . . . pe . . . seyyathâpi nâma tiṇḍukâlâtaṃ kaṭṭhena vâ kaṭhalâya vâ ghaṭṭitaṃ bhîyyo-somattâya ciccitâyati ciṭiciṭâyati, evam evam idh' ekacco puggalo kodhano hoti upâyâsabahulo . . . pe . . . seyyathâpi nâma gûthakûpo kaṭṭhena vâ kaṭhalâya vâ ghaṭṭito bhîyyo-somattâya duggandho hoti, evam evaṃ idh' ekacco puggalo kodhano hoti upâyâsabahulo appam pi vutto samâno abhisajjati kuppati vyâpajjati patiṭṭhiyati kopañ ca dosañ ca appaccayañ ca pâtukaroti: evarûpo puggalo ajjhupekkhitabbo . . . pe . . . Taṃ kissa hetu? Akkoseyyâ pi maṃ paribhâseyyâ pi maṃ anattham pi me kareyyâ ti: tasmâ evarûpo *puggalo ajjhupekkhitabbo, na sevitabbo, na bhajitabbo, na payirupâsitabbo.*

Katamo ca puggalo sevitabbo bhajitabbo payirupâsitabbo?

Idh' ekacco puggalo sîlavâ hoti kalyâṇadhammo, evarûpo puggalo sevitabbo bhajitabbo payirupâsitabbo. Taṃ kissa hetu? Kiñcâpi evarûpassa puggalassa pana diṭṭhânugatim âpajjati, atha kho naṃ kalyâṇo kittisaddo abbhugacchati kalyâṇamitto purisapuggalo kalyâṇasahâyo kalyâṇasampavaṅko ti: tasmâ evarûpo *puggalo sevitabbo bhajitabbo payirupâsitabbo.*

15. *Katamo ca puggalo sîlesu paripûrakârî samâdhismiṃ mattasokârî paññâya mattasokârî?*

Sotâpannasakadâgâmino: ime vuccanti *puggalâ sîlesu paripûrakârino samâdhismiṃ mattasokârino paññâya mattasokârino.*

Katamo ca puggalo sîlesu ca paripûrakârî samâdhismiñ ca paripûrakârî paññâya mattasokârî?

Anâgâmî: ayaṃ vuccati *puggalo sîlesu ca paripûrakârî samâdhismiñ ca paripûrakârî paññâya mattasokârî.*

Katamo ca puggalo sîlesu ca paripûrakârî samâdhismiñ ca paripûrakârî paññâya ca paripûrakârî?

Arahâ: ayaṃ vuccati *puggalo sîlesu ca paripûrakârî samâdhismiñ ca paripûrakârî paññâya ca paripûrakârî.*

16. *Tattha katame tayo satthâro?*

Idh' ekacco satthâ kâmânaṃ pariññaṃ paññâpeti, na rûpânaṃ pariññaṃ paññâpeti, na vedanânaṃ pariññaṃ paññâpeti.

Idha pan' ekacco satthâ kâmânañ ca pariññaṃ paññâpeti rûpânañ ca pariññaṃ paññâpeti na vedanânaṃ pariññaṃ paññâpeti.

Idha pan' ekacco satthâ kâmânaṃ pariññaṃ paññâpeti rûpânañ ca pariññaṃ paññâpeti vedanânañ ca pariññaṃ paññâpeti.

Tatra yvâyaṃ satthâ kâmânaṃ pariññaṃ paññâpeti na rûpânañ pariññaṃ paññâpeti na vedanânaṃ pariññaṃ paññâpeti rûpâvacarasamâpattiyâ lâbhî satthâ tena daṭṭhabbo.

Tatra yvâyaṃ satthâ kâmânañ ca pariññaṃ paññâpeti rûpânañ ca pariññaṃ paññâpeti na vedanânaṃ pariññaṃ paññâpeti arûpâvacarasamâpattiyâ lâbhî satthâ tena daṭṭhabbo. Tatra yvâyaṃ satthâ kâmânañ ca pariññaṃ paññâpeti rûpânañ ca pariññaṃ paññâpeti vedanânañ ca pariññaṃ paññâpeti sammâsambuddho satthâ tena daṭṭhabbo. Ime *tayo satthâro.*

17. *Tattha katame apare pi tayo satthâro?*

Idh' ekacco satthâ diṭṭh' eva dhamme attânaṃ saccato thetato paññâpeti, abhisamparâyañ ca attânaṃ saccato thetato paññâpeti.

Idha pan' ekacco satthâ diṭṭh' eva dhamme attânaṃ saccato thetato paññâpeti, no ca kho abhisamparâyam attânaṃ saccato thetato paññâpeti.

Idha pañ' ekacco satthâ diṭṭh' eva dhamme attânaṃ saccato thetato na paññâpeti, abhisamparâyañ ca attânaṃ saccato thetato na paññâpeti.

Tatra yvâyaṃ satthâ diṭṭh' eva dhamme attânaṃ saccato thetato paññâpeti, abhisamparâyañ ca attânaṃ saccato thetato paññâpeti sassatavâdo satthâ tena daṭṭhabbo.

Tatra yvâyaṃ satthâ diṭṭh' eva dhamme attânaṃ saccato thetato paññâpeti, no ca kho abhisamparâyaṃ attânaṃ saccato thetato paññâpeti ucchedavâdo satthâ tena daṭṭhabbo.

Tatra yvâyaṃ satthâ diṭṭh' eva dhamme attânaṃ saccato thetato na paññâpeti, abhisamparâyañ ca attânaṃ saccato thetato na paññâpeti sammâsambuddho satthâ tena daṭṭhabbo. Ime *apare tayo satthâro.*

TIKANIDDESO.

IV.

CATTÂRO PUGGALÂ.

1. *Katamo ca puggalo asappuriso?*

Idh' ekacco puggalo pâṇâtipâtî hoti, adinnâdâyî hoti, kâmesu micchâcârî hoti, musâvâdî hoti, surâmerayamajjapamâdaṭṭhâyî hoti: ayaṃ vuccati *puggalo asappuriso.*

Katamo ca puggalo asappurisena asappurisataro?

Idh' ekacco puggalo attanâ ca pâṇâtipâtî hoti parañ ca pâṇâtipâte samâdapeti; attanâ ca adinnâdâyî hoti parañ ca adinnâdâne samâdapeti; attanâ ca kâmesu micchâcârî hoti parañ ca kâmesu micchâcâre samâdapeti; attanâ ca musâvâdî hoti parañ ca musâvâde samâdapeti; attanâ ca surâmerayamajjapamâdaṭṭhâyî hoti parañ ca surâmerayamajjapamâdaṭṭhâne samâdapeti; ayaṃ vuccati *puggalo asappurisena asappurisataro.*

Katamo ca puggalo sappuriso?

Idh' ekacco puggalo pâṇâṭipâtâ paṭivirato hoti, adinnadânâ paṭivirato hoti, kâmesu micchâcârâ paṭivirato hoti, surâmerayamajjapamâdaṭṭhânâ paṭivirato hoti: ayaṃ vuccati *puggalo sappuriso.*

Katamo ca puggalo sappurisena sappurisataro?

Idh' ekacco puggalo attanâ ca pâṇâṭipâtâ paṭivirato hoti parañ ca pâṇâtipâtâ veramaṇiyâ samâdapeti; attanâ ca adinnâdânâ paṭivirato hoti parañ ca adinnâdânâ veramaṇiyâ samâdapeti; attanâ ca kâmesu micchâcârâ paṭivirato hoti parañ ca kâmesu micchâcârâ veramaṇiyâ samâdapeti; attanâ ca musâvâdâ paṭivirato hoti parañ ca musâvâdâ veramaṇiyâ samâdapeti; attanâ ca surâmerayamajjapamâdaṭṭhânâ paṭivirato hoti parañ ca surâmerayamajjapamâdaṭṭhânâ veramaṇiyâ samâdapeti: ayaṃ vuccato *puggalo sappurisena sappurisataro.*

2. *Katamo ca puggalo pâpo?*

Idh' ekacco puggalo pâṇâtipâtî hoti, adinnâdâyî hoti, kämesu micchâcârî hoti, musâvâdî hoti, pisuṇavâco hoti, pharusavâco hoti, samphappalâpî hoti, abhijjhâlu hoti, vyâpannacitto hoti, micchâdiṭṭhi hoti: ayaṃ vuccati *puggalo pâpo.*

Katamo ca puggalo pâpena pâpataro?

Idh' ekacco puggalo attanâ ca pâṇâtipâtî hoti parañ ca pâṇâtipâte samâdapeti; attanâ ca adinnâdâyî hoti parañ ca adinnâdâne samâdapeti; attanâ ca kâmesu micchâcârî hoti parañ ca kâmesu micchâcâre samâdapeti; attanâ ca musâvâdî hoti parañ ca musâvâde samâdapeti; attanâ câ pisuṇavâco hoti parañ ca pisuṇâya vâcâya samâdapeti; attanâ ca pharusavâco hoti parañ ca pharusâya vâcâya samâdapeti; attanâ ca samphappalâpî hoti parañ ca samphappalâpe samâdapeti; attanâ ca abhijjhâlu hoti parañ ca abhijjhâya samâdapeti; attanâ ca vyâpannacitto hoti parañ ca vyâpâde samâdapeti; attanâ ca micchâdiṭṭhi hoti parañ ca miccâdiṭṭhiyâ samâdapeti: ayaṃ vuccati *puggalo pâpena pâpataro.*

Katamo ca puggalo kalyâṇo?

Idh' ekacco puggalo pâṇâtipâtâ paṭivirato hoti, adinnâdânâ paṭivirato hoti, kâmesu micchâcârâ paṭivirato hoti, musâvâdâ paṭivirato hoti, pisuṇâya vâcâya paṭivirato hoti, pharusâya vâcâya paṭivirato hoti, samphappalâpâ paṭivirato hoti, anabhijjhâlu hoti, avyâpannacitto hoti, sammâdiṭṭhi hoti: ayaṃ vuccati *puggalo kalyâṇo.*

Katamo ca puggalo kalyâṇena kalyâṇataro?

Idh' ekacco puggalo attanâ ca pâṇâtipâtâ paṭivirato hoti parañ ca pâṇâtipâtâ veramaṇiyâ samâdapeti; attanâ ca adinnâdânâ paṭivirato hoti parañ ca adinnâdânâ veramaṇiyâ samâdapeti; attanâ ca kâmesu micchâcârâ paṭivirato hoti parañ ca kâmesu micchâcârâ veramaṇiyâ samâdapeti; . . . pe . . . sammâdiṭṭhiyâ samâdapeti: ayaṃ vuccati *puggalo kalyânena kalyâṇataro.*

3. *Katamo ca puggalo pâpadhammo?*

Idh' ekacco puggalo pâṇâtipâtî hoti . . . pe . . . [iv. 2*a.*], micchâdiṭṭhi hoti: ayaṃ vuccati *puggalo pâpadhammo.*

Katamo ca puggalo pâpadhammena pâpadhammataro?

Idh' ekacco puggalo attanâ ca pâṇâtipâtî hoti parañca pâṇâtipâte samâdapeti; . . . pe . . . [iv. 2*b.*] micchâdiṭṭhiyâ samâdapeti: ayaṃ vuccati *puggalo pâpadhammena pâpadhammataro.*

Katamo ca puggalo kalyâṇadhammo?

Idh' ekacco puggalo pâṇâtipâtâ paṭivirato hoti . . . pe . . . [iv. 1*c.*; iv. 2*c.*] sammâdiṭṭhi hoti: ayaṃ vuccati *puggalo kalyâṇadhammo.*

Katamo ca puggalo kalyâṇadhammena kalyâṇadhammataro?

Idh' ekacco puggalo attanâ ca pâṇâtipâtâ paṭivirato hoti, parañ ca pâṇâtipâtâ veramaṇiyâ samâdapeti; . . . pe . . . [iv 1*d.*; iv. 2*d.*] sammâdiṭṭhiyâ samâdapeti: ayaṃ vuccati *puggalo kalyâṇadhammena kalyâṇadhammataro.*

4. *Katamo ca puggalo sâvajjo?*

Idh' ekacco puggalo sâvajjena kâyakammena samannâgato hoti, sâvajjena vacîkammena samannâgato hoti, sâvajjena manokammena samannâgato hoti: ayaṃ vuccati *puggalo sâvajjo.*

Katamo ca puggalo vajjabahulo?

Idh' ekacco puggalo sâvajjena bahulaṃ kâyakammena samannâgato hoti appaṃ anavajjena, sâvajjena bahulaṃ vacîkammena samannâgato hoti appaṃ anavajjena, sâvajjena bahulaṃ manokammena samannâgato hoti appaṃ anavajjena: ayaṃ vuccati *puggalo vajjabahulo.*

Katamo ca puggalo appasâvajjo?

Idh' ekacco puggalo anavajjena bahulaṃ kâyakammena samannâgato hoti appaṃ sâvajjena, anavajjena bahulaṃ vacîkammena samannâgato hoti appaṃ sâvajjena, anavajjena bahulaṃ manokammena samannâgato hoti appaṃ sâvajjena: ayaṃ vuccati *puggalo appasâvajjo.*

Katamo ca puggalo anavajjo?

Idh' ekacco puggalo anavajjena kâyakammena samannâgato hoti anavajjena vacîkammena samannâgato hoti anavajjena manokammena samannâgato hoti: ayaṃ vuccati *puggalo anavajjo.*

5. *Katamo ca puggalo ugghaṭitaññû?*

Yassa puggalassa saha udâhaṭavelâya dhammâbhisamayo hoti, ayaṃ vuccati *puggalo ugghaṭitaññû.*

Katamo ca puggalo vipaccitaññû?

Yassa puggalassa saṅkhittena bhâsitassa vitthârena atthe vibhajiyamâne dhammâbhisamayo hoti, ayaṃ vuccati *puggalo vipaccitaññû.*

Katamo ca puggalo neyyo?

Yassa puggalassa uddesato paripucchato yoniso manasikaroto kalyâṇamitte sevato bhajato payirupâsato evaṃ anupubbena dhammâbhisamayo hoti, ayaṃ vuccati *puggalo neyyo.*

Katamo ca puggalo padaparamo?

Yassa puggalassa bahum pi suṇato bahum pi bhaṇato bahum pi dhârayato bahum pi vâcayato na tâya jâtiyâ dhammâbhisamayo hoti, ayaṃ vuccati *puggalo padaparamo.*

6. *Katamo ca puggalo yuttapaṭibhâno no muttapaṭibhâṇo?*

Idh' ekacco puggalo pañhaṃ puṭṭho samâno yuttaṃ vadati no sîghaṃ: ayaṃ vuccati *puggalo yuttapaṭibhâno no muttapaṭibhâno.*

Katamo ca puggalo muttapaṭibhâno no yuttapaṭibhâṇo?

Idh' ekacco puggalo pañhaṃ puṭṭho samâno sîghaṃ vadati no yuttaṃ: ayaṃ vuccati *puggalo muttapaṭibhâṇo no yuttapaṭibhâṇo.*

Katamo ca puggalo yuttapaṭibhâno ca muttapaṭibhâno ca?

Idh' ekacco puggalo pañhaṃ puṭṭho samâno yuttañ ca sîghañ ca vadati: ayaṃ vuccati *puggalo yuttapaṭibhâno ca muttapaṭibhano ca.*

Katamo ca puggalo n' eva yuttapaṭibhâṇo no muttapaṭibhâno?

Idh' ekacco puggalo pañhaṃ puṭṭho samâno n' eva yuttaṃ vadati no sîghaṃ: ayaṃ vuccati *puggalo n' eva yuttapaṭibhâṇo no muttapaṭibhâṇo.*

7. *Tattha kattame catâro dhammakathikâ puggalâ?*

Idh' ekacco dhammakathiko appañ ca bhâsati asahitañ ca parisâ c' assa na kusalâ hoti sahitâsahitassa, evarûpo dhammakathiko evarûpâya parisâya dhammakathiko tveva saṅkhaṃ gacchati.

Idha pan' ekacco dhammakathiko appañ ca bhâsati sahitañ ca, parisâ c' assa kusalâ hoti sahitâsahitassa, evarûpo dhammakathiko evarûpâya parisâya dhammakathiko tveva saṅkhaṃ gacchati.

Idha pan' ekacco dhammakathiko bahuñ ca bhâsati asahitañ ca, parisâ c' assa na kusalâ hoti sahitâsahitassa evarûpo dhammakathiko evarûpâya parisâya dhammakathiko tveva saṅkhaṃ gacchati.

Idha pan' ekacco dhammakathiko bahuñ ca bhâsati sahitañ ca, parisâ c' assa kusalâ hoti sahitâsahitassa, evarûpo dhammakathiko evarûpâya parisâya dhammakathiko tveva saṅkhaṃ gacchati. Ime *cattâro dhammakathikâ puggalâ.*

8. *Tattha katame cattâro valâhakûpamâ puggalâ?*

Cattâro valâhakâ:—Gajjitâ no vassitâ, vassitâ no gajjitâ, gajjitâ ca vassitâ ca, n' eva gajjitâ no vassitâ; evam evaṃ cattâro 'me valâhakûpamâ puggalâ santo saṃvijjamânâ lokasmiṃ. Katame cattâro? Gajjitâ no vassitâ, vassitâ no gajjitâ, gajjitâ ca vassitâ ca, n' eva gajjitâ no vassitâ.

Kathañ ca puggalo gajjitâ hoti no vassitâ?

Idh' ekacco puggalo bhâsitâ hoti no kattâ, evaṃ puggalo gajjitâ hoti no vassitâ seyyathâpi so valâhako gajjitâ no vassitâ, tathûpamo ayaṃ puggalo.

Kathañ ca puggalo vassitâ hoti no gajjitâ?

Idh' ekacco puggalo kattâ hoti no bhâsitâ, evaṃ puggalo vassitâ hoti no gajjitâ, seyyathâpi so valâhako vassitâ hoti, no gajjitâ, tathûpamo ayaṃ puggalo.

Kathañ ca puggalo gajjitâ ca hoti vassitâ ca?

Idh' ekacco puggalo bhâsitâ ca hoti kattâ ca, evaṃ puggalo gajjitâ ca hoti vassitâ ca, seyyathâpi so valâhako gajjitâ ca vassitâ ca, tathûpamo ayaṃ puggalo.

Kathañ ca puggalo n' eva gajjitâ hoti no vassitâ?

Idh' ekacco puggalo n' eva bhâsitâ hoti no kattâ, evaṃ puggalo n' eva gajjitâ hoti no vassitâ, seyyathâpi so valâhako n' eva gajjitâ no vassitâ, tathûpamo ayaṃ puggalo. Ime cattâro valâhakûpamâ puggalâ santo saṃvijjamânâ lokasmiṃ.

9. *Tattha katame cattâro mûsikûpamâ puggalâ?*

Catasso mûsikâ:—Gâdhaṃ khattâ no vasitâ, vasitâ no gâdhaṃ khattâ, gâdhaṃ khattâ ca vasitâ ca, n' eva gâdhaṃ kattâ no vasitâ; evaṃ evaṃ cattâro 'me mûsikûpamâ puggalâ santo saṃvijjamânâ lokasmiṃ. Katame cattâro? Gâdhaṃ khattâ no vasitâ, vasitâ no gâdhaṃ khattâ, gâdhaṃ khattâ ca vasitâ ca, n' eva gâdhaṃ khattâ no vasitâ.

Kathañ ca puggalo gâdhaṃ khattâ hoti no vasitâ?

Idh' ekacco puggalo dhammaṃ pariyâpuṇâti suttaṃ geyyaṃ veyyâkaraṇaṃ gâthaṃ udânaṃ itivuttakaṃ jâtakaṃ abbhutadhammaṃ vedallaṃ. So idaṃ dukkhan ti yathâbhûtaṃ na pajânâti, ayaṃ dukkhasamudayo ti yathâbhûtaṃ na pajânâti, ayam dukkhanirodho ti yathâbhûtaṃ na pajânâti, ayaṃ dukkhanirodhagâminî paṭipadâ ti yathâbhûtam na pajânâti; evaṃ puggalo gâdhaṃ khattâ hoti no vasitâ, seyyathâpi sâ mûsikâ gâdhaṃ khattâ no vasitâ, tathûpamo ayaṃ puggalo.

Kathañ ca puggalo vasitâ hoti no gâdhaṃ khattâ?

Idh' ekacco puggalo dhammaṃ na pariyâpuṇâti suttaṃ . . . pe . . . vedallaṃ. So idam dukkhan ti yathâbhûtaṃ pajânâti . . . pe . . . ayaṃ dukkhanirodhagâminî paṭipadâ ti yathâbhûtaṃ pajânâti; evaṃ puggalo vasitâ hoti no gâdhaṃ khattâ, seyyathâpi sâ mûsikâ vasitâ no gâdhaṃ khattâ, tathûpamo ayaṃ puggalo.

Kathañ ca puggalo gâdhaṃ khattâ ca hoti vasitâ ca?

Idh' ekacco puggalo dhammaṃ pariyâpuṇâti suttaṃ . . . pe . . . vedallaṃ. So idaṃ dukkhan ti yathâbhûtaṃ pajânâti . . . pe . . . . ayaṃ dukkhanirodhagâminî paṭipadâ ti yathâbhûtaṃ pajânâti; evaṃ puggalo gâdhaṃ khattâ ca hoti vasitâ ca, seyyathâpi sâ mûsikâ gâdhaṃ khattâ ca vasitâ ca, tathûpamo ayaṃ puggalo.

Kathañ ca puggalo n' eva gâdhaṃ khattâ hoti no vâsitâ?

Idh' ekacco puggalo dhammaṃ na pariyâpuṇâti, suttaṃ . . . pe . . . vedallam. So idaṃ dukkhan ti yathâbhûtaṃ na pajânâti . . . pe . . . ayaṃ dukkhanirodhagâminî paṭipadâ ti yathâbhûtaṃ na pajânâti; evaṃ puggalo n' eva gâdhaṃ khattâ hoti no vasitâ, seyyathâpi sâ musikâ n'eva gâdhaṃ khattâ no vasitâ, tathûpamo ayaṃ puggalo. Ime cattâro mûsikûpamâ puggalâ santo saṃvijjamânâ lokasmiṃ.

10. *Tattha katame cattâro ambûpamâ puggalâ?*

Cattâri ambâni:—âmaṃ pakkavaṇṇi, pakkaṃ âmavaṇṇi, âmaṃ âmavaṇṇi, pakkaṃ pakkavaṇṇi; evam evam cattâro 'me ambûpamâ puggalâ santo saṃvijjamânâ lokasmiṃ. Katame cattaro? âmo pakkavaṇṇî, pakko âmavaṇṇî, âmo âmavaṇṇî, pakko pakkavaṇṇî.

Kathañ ca puggalo âmo hoti pakkavaṇṇî?

Idh' ekacassa puggalassa pâsâdikaṃ hoti abhikkantaṃ paṭikkantaṃ âlokitaṃ vilokitaṃ sammiñjitaṃ pasâritaṃ saṅghâṭipattacîvaradhâraṇaṃ. So idaṃ dukhan ti yathâbhûtaṃ na pajânâti . . . pe . . . ayaṃ dukkhanirodhagâminî paṭipadâ ti na pajânâti: evaṃ puggalo âmo hoti pakkavaṇṇî, seyyathâpi taṃ ambaṃ âmaṃ pakkavaṇṇi, tathâpamo ayam puggalo.

Kathañ ca puggalo pakko hoti âmavaṇṇî?

Idh' ekaccassa puggalassa na pâsâdikaṃ hoti abhikkantaṃ paṭikkantaṃ âlokitaṃ vilokitaṃ sammiñjitaṃ pasâritaṃ saṅghâṭipattacîvaradhâraṇaṃ. So idaṃ dukkhan ti yathâbhûtaṃ pajânâti . . . pe . . . ayaṃ dukkhanirodhagâminî paṭipadâ ti pajânâti: evaṃ puggalo pakko hoti âmavaṇṇî, seyyathâpi taṃ ambaṃ pakkaṃ âmavaṇṇi, tathûpamo ayaṃ puggalo.

Kathañ ca puggalo âmo hoti âmavaṇṇî?

Idh' ekacassa puggalassa na pâsâdikaṃ hoti abhikkantaṃ . . . pe . . . -dhâraṇaṃ. So idaṃ dukkhan ti yathâbhûtaṃ na pajânâti . . . pe . . . ayaṃ dukkhanirodhagâminî paṭipadâ ti na pajânâti: evaṃ puggalo âmo hoti âmavaṇṇî, seyyathâpi taṃ ambaṃ âmaṃ âmavaṇṇi, tathûpamo ayaṃ puggalo.

Kathañ ca puggalo pakko hoti pakkavaṇṇî?

Idh' ekaccassa puggalassa pâsâdikaṃ hoti abhikkantaṃ . . . pe . . . -dhâraṇaṃ. So idaṃ dukkhan ti yathâbhûtaṃ pajânâti . . . pe . . . pajânâti: evaṃ puggalo pakko hoti pakkavaṇṇî, seyyathâpi taṃ ambaṃ pakkaṃ pakkavaṇṇi, tathûpamo ayaṃ puggalo. Ime cattâro ambûpamâ puggalâ santo saṃvijjamânâ lokasmiṃ.

11. *Tattha katame cattâro kumbhûpamâ puggalâ?*

Cattâro kumbhâ:—Tuccho pi hito, pûro pi vaṭo, tuccho pi vaṭo, pûro pi hito; evam evaṃ cattâro 'me kumbhûpamâ puggalâ santo saṃvijjamâno lokasmiṃ. Katame cattâro? Tuccho pi hoti, pûro pi vaṭo, tuccho pi vaṭo, pûro pi hito.

Kathañ ca puggalo tuccho hoti pi hito?

Idh' ekaccassa puggalassa pâsâdikaṃ hoti abhikkantaṃ . . . pe . . . -dhâraṇaṃ. So idaṃ dukkhan ti yathâbhûtaṃ na pajânâti . . . pe . . . ayaṃ dukkhanirodhagâminî paṭipadâ ti na pajânâti: evaṃ puggalo tuccho hoti, pi hito, seyyathâpi so kumbho tuccho pi hito tathûpamo ayaṃ puggalo.

Kathañ ca puggalo pûro hoti pi vaṭo?

Idh' ekaccassa puggalassa na pâsâdikaṃ hoti abhikkantaṃ . . . pe . . . [iv. 10*b*.]. So idam dukkhan ti yathâbhûtaṃ pajânâti . . . pe . . . : evaṃ puggalo pûro hoti pi vaṭo, seyyathâpi so kumbho pûro pi vaṭo, tathûpamo ayaṃ puggalo.

Kathañ ca puggalo tuccho hoti pi vaṭo?

Idh' ekaccassa puggalassa na pâsâdikaṃ hoti abhikkantaṃ . . . pe . . .; [iv. 10*c*.]. So idaṃ dukkhan ti yathâbhûtaṃ na pajânâti . . . pe . . .: evaṃ puggalo tuccho hoti pi vaṭo, seyyathâpi kumbho tuccho pi vaṭo, tathûpamo ayaṃ puggalo.

Kathañ ca puggalo pûro hoti pi hito?

Idh' ekaccassa puggalassa pâsâdikaṃ hoti abhikkantaṃ . . . pe . . . [iv. 10*d*.] So idaṃ dukkhan ti yathâbhûtaṃ pajânâti . . . pe . . .: evaṃ puggalo pûro hoti pi hoti, seyyathâpi kumbho pûro pi hito, tathûpamo ayaṃ puggalo. Ime cattâro kumbhûpamâ puggalâ santo saṃvijjamânâ lokasmiṃ.

12. *Tattha katame cattâro udakarahadûpamâ puggalâ?*

Cattâro udakarahadâ:—uttâno gambhîrobhâso, gambhîro uttânobhâso, uttâno uttânobhâso, gambhîro gambhîrobhâso: evam evaṃ cattâro 'me udakarahadûpamâ puggalâ santo saṃvijjamânâ lokasmiṃ. Katame cattâro? Uttâno gambhîrobhâso, gambhîro uttânobhâso, uttâno uttânobhâso, gambhîro gambhîrobhâso.

Kathañ ca puggalo uttâno hoti gambhîrobhâso?

Idh' ekaccassa puggalassa pâsâdikaṃ hoti abhikkantaṃ . . . pe . . . [iv. 10*a*.]. So idaṃ dukkhan ti yathâbhûtaṃ na pajânâti . . . pe . . .: evaṃ puggalo uttâno hoti gambhîrobhâso, seyyathâpi so udakarahado uttâno gambhîrobhâso, tathûpamo ayaṃ puggalo.

Kathañ ca puggalo gambhîro hoti uttânobhâso?

Idh' ekaccassa puggalassa na pâsâdikaṃ hoti abhikkantaṃ . . . pe . . . So idaṃ dukkhan ti yathâbhûtaṃ pajânâti . . . pe . . .: evaṃ puggalo gambhîro hoti uttânobhâso, seyyathâpi so udakarahado gambhîro uttânobhâso, tathûpamo ayaṃ puggalo.

Kathañ ca puggalo uttâno hoti uttânobhâso?

Idh' ekaccassa puggalassa na pâsâdikaṃ hoti abhikkantaṃ . . . pe . . . So idaṃ dukkhan ti na pajânâti . . . pe . . .: evaṃ puggalo uttâno hoti uttânobhâso, seyyathâpi so udakarahado uttâno uttânobhâso, tathûpamo ayaṃ puggalo.

Kathañ ca puggalo gambhîro hoti gambhîrobhâso?

Idh' ekaccassa puggalassa pâsâdikaṃ hoti abhikkantaṃ . . . pe . . . So idaṃ dukkhan ti yathâbhûtaṃ pajânâti . . . pe . . .: evaṃ puggalo gambhîro hoti gambhîrobhâso seyyathâpi so udakarahado gambhîro gambhîrobhâso, tathûpamo ayaṃ puggalo. Ime cattâro udakarahadûpamâ puggalâ santo saṃvijjamânâ lokasmiṃ.

13. *Tattha katame cattâro balivaddûpamâ puggalâ?*

Cattâro balivaddâ:—sakagavacaṇḍo no paragavacaṇḍo, paragavacaṇḍo no sakagavacaṇḍo, sakagavacaṇḍo ca paragavacaṇḍo ca, n' eva sakagavacaṇḍo no paragavacaṇḍo: evam evaṃ cattâro balivaddûpamâ puggalâ santo saṃvijjamânâ lokasmiṃ. Katame cattaro? Sakagavacaṇḍo no paragavacaṇḍo, paragavacaṇḍo no sakagavacaṇḍo, sakagavacaṇḍo ca paragavacaṇḍo ca, n' eva sakagavacaṇḍo no paragavacaṇḍo.

Kathañ ca puggalo sakagavacaṇḍo hoti no paragavacaṇḍo?

Idh' ekacco puggalo sakaparisaṃ ubbejitâ hoti no paraparisaṃ, evaṃ puggalo sakagavacaṇḍo hoti no paragavacaṇḍo, seyyathâpi so balivaddo sakagavacaṇḍo hoti no paragavacaṇḍo, tathûpamo ayaṃ puggalo.

Kathañ ca puggalo paragavacaṇḍo hoti no sakagavacaṇḍo?

Idh' ekacco puggalo paraparisaṃ ubbejitâ hoti no sakaparisaṃ, evaṃ puggalo paragavacaṇḍo hoti no sakagavacaṇḍo, seyyathâpi so balivaddo paragavacaṇḍo no sakagavacaṇḍo, tathûpamo ayaṃ puggalo.

Kathañ ca puggalo sakagavacaṇḍo ca hoti paragavacaṇḍo ca.

Idh' ekacco puggalo sakaparisaṃ ubbejitâ hoti paraparisañ ca, evaṃ puggalo sakagavacaṇḍo hoti paragavacaṇḍo ca, seyyathâpi so balivaddo sakagavacaṇḍo ca paragavacaṇḍo ca, tathûpamo ayaṃ puggalo.

Kathañ ca puggalo n' eva sakagavacaṇḍo hoti no paragavacaṇḍo?

Idh' ekacco puggalo n' eva sakaparisaṃ ubbejitâ hoti no paraparisaṃ, evaṃ puggalo n' eva sakagavacaṇḍo hoti no paragavacaṇḍo, seyyathâpi so balivaddo n' eva sakagavacaṇḍo no paragavacaṇḍo tathûpamo ayaṃ puggalo. Ime cattâro balivaddûpamâ puggalâ santo saṃvijjamânâ lokasmiṃ.

14. *Tattha katame cattâro âsîvisûpamâ puggalâ?*

Cattâro âsîvisâ:—Âgataviso no ghoraviso, ghoraviso no âgataviso, âgataviso ca ghoraviso ca, n' eva âgataviso no ghoraviso: evam evaṃ cattâro 'me âsîvisûpamâ puggalâ santo saṃvijjamânâ lokasmiṃ. Katame cattâro? Âgataviso no ghoraviso, ghoraviso no âgataviso, âgataviso ca ghoraviso ca, n' eva âgataviso no ghoraviso.

Kathañ ca puggalo âgataviso hoti no ghoraviso?

Idh' ekacco puggalo abhiṇhaṃ kujjhati, so ca khvassa kodho na ciraṃ dîgharattaṃ anuseti: evaṃ puggalo âgataviso hoti no ghoraviso, seyyathâpi so âsîviso âgataviso hoti no ghoraviso tathûpamo ayaṃ puggalo.

Kathañ ca puggalo ghoraviso hoti no âgataviso?

Idh' ekacco puggalo na h' eva kho abhiṇhaṃ kujjhati, so ca khvassa kodho ciraṃ dîgharattaṃ anuseti: evaṃ puggalo ghoraviso hoti no âgataviso, seyyathâpi so âsîviso ghoraviso no âgataviso, tathûpamo ayaṃ puggalo.

Kathañ ca puggalo âgataviso ca hoti ghoraviso ca?

Idh' ekacco puggalo abhiṇhaṃ khujjhati, so ca khvassa kodho ciraṃ dîgharattaṃ anuseti: evaṃ puggalo âgataviso ca hoti ghoraviso ca, seyyathâpi so âsîviso ca âgataviso ca ghoraviso ca, tâthûpamo ayaṃ puggalo.

Kathañ ca puggalo n' eva âgataviso hoti no ghoraviso?

Idh' ekacco puggalo na h' eva kho abhiṇhaṃ kujjhati, so ca khvassa kodho na ciraṃ dîgharattaṃ anuseti: evaṃ puggalo n' eva âgataviso hoti no ghoraviso, seyyathâpi so âsîviso n' eva âgataviso no ghoraviso, tathûpamo ayaṃ puggalo. Ime cattâro âsîvisûpamâ puggalâ santo saṃvijjamânâ lokasmiṃ.

15. *Kathañ ca puggalo ananuvicca apariyogâhetvâ avaṇṇârahassa vaṇṇaṃ bhâsitâ hoti?*

Idh' ekacco puggalo duppaṭippannânaṃ micchâpaṭipannânaṃ titthiyânaṃ titthiyasâvakânaṃ vaṇṇaṃ bhâsati, suppaṭipannâ iti pi sammâpaṭipannâ iti pî ti: evaṃ puggalo ananuvicca apariyogâhetvâ avaṇṇârahassa vaṇṇaṃ bhâsitâ hoti.

Kathañ ca puggalo ananuvicca apariyogâhetvâ vaṇṇârahassa avaṇṇaṃ bhâsitâ hoti?

Idh' ekacco puggalo suppaṭipannânaṃ sammâpaṭipannânaṃ buddhânaṃ buddhasâvakânaṃ avaṇṇaṃ bhâsati, duppaṭipannâ iti pi micchâpaṭipannâ iti pî ti; evaṃ puggalo ananuvicca apariyogâhetvâ vaṇṇârahassa avaṇṇaṃ bhâsitâ hoti.

Kathañ ca puggalo ananuvicca apariyogâhetvâ appasâdaniye ṭhâne pasâdaṃ upadhaṃsitâ hoti?

Idh' ekacco puggalo duppaṭipadâya micchâpaṭipadâya pasâdaṃ janeti, suppaṭipadâ iti pi sammâpaṭipadâ iti pî ti: evaṃ puggalo ananuvicca apariyogâhetvâ appasâdanîye ṭhâne pasâdaṃ upadhaṃsitâ hoti.

Kathañ ca puggalo ananuvicca apariyogâhetvâ pasâdanîye ṭhâne appasâdaṃ upadhaṃsitâ hoti?

Idh' ekacco puggalo suppaṭipadâya sammâpaṭipadâya appasâdaṃ janeti, duppaṭipadâ iti pi micchâpaṭipadâ iti pîti; evaṃ puggalo ananuvicca apariyogâhetvâ pasâdaniye ṭhâne appasâdaṃ upadhaṃsitâ hoti.

16. *Kathañ ca puggalo anuvicca pariyogâhetvâ avaṇṇârahassa avaṇṇaṃ bhâsitâ hoti?*

Idh' ekacco puggalo duppaṭipannânaṃ micchâpaṭipannânaṃ titthiyânaṃ titthiyasâvakânaṃ avaṇṇaṃ bhâsati, duppaṭipannâ iti pi micchâpaṭipannâ iti pîti; evaṃ puggalo anuvicca pariyogâhetvâ avaṇṇârahassa avaṇṇaṃ bhâsitâ hoti.

Kathañ ca puggalo anuvicca pariyogâhetvâ vaṇṇârahassa vaṇṇaṃ bhâsitâ hoti?

Idh' ekacco puggalo suppaṭipannânaṃ sammâpaṭipannânaṃ buddhasâvakânaṃ vaṇṇaṃ bhâsati, suppaṭipannâ iti pi sammâpaṭipannâ iti pîti; evaṃ puggalo anuvicca pariyogâhetvâ vaṇṇârahassa vaṇṇaṃ bhâsitâ hoti.

Kathañ ca puggalo anuvicca pariyogâhetvâ appasâdaniye ṭhâne appasâdaṃ upadhaṃsitâ hoti?

Idh' ekacco puggalo duppaṭipadâya micchâpaṭipadâya appasâdaṃ janeti, duppaṭipadâ iti pi micchâpaṭipadâ iti pîti; evaṃ puggalo anuvicca pariyogâhetvâ appasâdanîye ṭhâne appasâdaṃ upadhaṃsitâ hoti.

Kathañ ca puggalo anuvicca pariyogâhetvâ pasâdanîye ṭhâne pasâdaṃ upadhaṃsitâ hoti?

Idh' ekacco puggalo suppaṭipadâya sammâpaṭipadâya pasâdaṃ janeti, suppaṭipadâ iti pi sammâpaṭipadâ iti pî ti: evaṃ puggalo anuvicca pariyogâhetvâ pasâdanîye ṭhâne pasâdaṃ upadhaṃsitâ hoti.

17. *Kathañ ca puggalo avaṇṇârahassa avaṇṇaṃ bhâsitâ hoti bhûtaṃ tacchaṃ kâlena no ca kho vaṇṇârahassa vaṇṇaṃ bhâsitâ hoti bhûtaṃ tacchaṃ kâlena?*

Idh' ekacco puggalo vaṇṇo pi saṃvijjati avaṇṇo pi saṃvijjati, yo tattha avaṇṇo taṃ bhaṇati bhûtaṃ tacchaṃ kâlena yo tattha vaṇṇo taṃ na bhaṇati bhûtaṃ tacchaṃ kâlena, evaṃ puggalo avaṇṇârahassa avaṇṇaṃ bhâsitâ hoti bhûtaṃ tacchaṃ kâlena no ca kho vaṇṇârahassa vaṇṇaṃ bhâsitâ hoti bhûtaṃ tacchaṃ kâlena.

Kathañ ca puggalo vaṇṇârahassa vaṇṇaṃ bhâsitâ hoti bhûtaṃ tacchaṃ kâlena, no ca kho avaṇṇârahassa avaṇṇaṃ bhâsitâ hoti bhûtaṃ tacchaṃ kâlena?

Idh' ekacco puggalo vaṇṇo pi saṃvijjati avaṇṇo pi saṃvijjati, yo tattha vaṇṇo taṃ bhaṇati bhûtaṃ tacchaṃ kâlena, yo tattha avaṇṇo taṃ na bhaṇati bhûtaṃ tacchaṃ kâlena, evaṃ puggalo vaṇṇârahassa vaṇṇaṃ bhâsitâ hoti bhûtaṃ tacchaṃ kâlena, no ca kho avaṇṇârahassa avaṇṇaṃ bhâsitâ hoti bhûtaṃ tacchaṃ kâlena.

Kathañ ca puggalo avaṇṇârahassa avaṇṇaṃ bhâsitâ hoti bhûtaṃ tacchaṃ kâlena vaṇṇârahassa vaṇṇaṃ bhâsitâ hoti bhûtaṃ tacchaṃ kâlena?

Idh' ekacco puggalo vaṇṇo pi saṃvijjati avaṇṇo pi saṃvijjati, yo tattha avaṇṇo taṃ bhaṇati bhûtaṃ tacchaṃ kâlena yo tattha vaṇṇo tam pi bhaṇati bhûtaṃ tacchaṃ kâlena, tatra kâlaññû hoti tassa pañhassa veyyâkaraṇâya, evaṃ puggalo avaṇṇârahassa avaṇṇaṃ bhâsita hoti bhûtaṃ tacchaṃ kâlena vaṇṇârahassa vaṇṇaṃ bhâsitâ bhûtaṃ tacchaṃ kâlena.

Kathañ ca puggalo n' eva avaṇṇârahassa avaṇṇaṃ bhâsitâ hoti bhûtaṃ tacchaṃ kâlena no pi vaṇṇârahassa vaṇṇaṃ bhâsitâ hoti bhûtaṃ tacchaṃ kâlena?

Idh' ekacco puggalo vaṇṇo pi saṃvijjati avaṇṇo pi saṃvijjati, yo tattha avaṇṇo taṃ na bhaṇati bhûtaṃ tacchaṃ kâlena, yo pi tattha avaṇṇo tam pi na bhaṇati bhûtaṃ tacchaṃ kâlena, upekkhako ca viharati sato sampajâno: evaṃ puggalo n' eva avaṇṇârahassa avaṇṇaṃ bhâsitâ hoti bhûtaṃ tacchaṃ kâlena no pi vaṇṇârahassa vaṇṇaṃ bhâsitâ hoti bhûtaṃ tacchaṃ kâlena.

18. *Katamo ca puggalo uṭṭhânaphalûpajîvî no puññaphalûpajîvî?*

Yassa puggalassa uṭṭhahato ghaṭato vâyamato âjîvo abhinibbattati no puññato, ayaṃ vuccati *puggalo uṭṭhânaphalûpajîvî no puññaphalûpajîvî.*

Katamo ca puggalo puññaphalupajîvî no uṭṭhânaphalûpajîvî?

Paranimmitavasavattideve upâdâya tat' ûpari devâ puññaphalûpajîvino na uṭṭhânaphalûpajîvino.

Katamo ca puggalo uṭṭhânaphalûpajîvî ca puññaphalûpajîvî ca?

Yassa puggalassa uṭṭhahato ghaṭato vâyamato âjîvo abhinibbattati puññato ca, ayaṃ puggalo uṭṭhânaphalûpajîvî ca puññaphalûpajîvî ca.

[*Katamo ca puggalo n' eva uṭṭhânaphalûpajîvî no puññaphalûpajîvî?*]

Nerayikâ n' eva uṭṭhânaphalûpajîvino no puññaphalûpajîvino.

19. *Kathañ ca puggalo tamo hoti tamaparâyano?*

Idh' ekacco puggalo nîce kule paccâjâto hoti caṇḍâlakule vâ nesâdakule vâ veṇakule vâ rathakârakule vâ pukkusakule vâ dalidde appannapânabhojane kasiravuttike yattha kasirena ghâsacchado labbhati; so ca hoti dubbaṇṇo duddasiko okoṭimako bahvâbâdho kâṇo vâ kuṇi vâ khañjo vâ pakkhahato vâ, na lâbhî annassa pânassa vatthassa yânassa mâlâgandhavilepanassa seyyâvasathapadîpeyyassa; so kâyena duccaritaṃ carati vâcâya duccaritaṃ carati manasâ duccaritaṃ carati, so kâyena duccaritaṃ caritvâ vâcâya duccaritaṃ caritvâ manasâ duccaritaṃ caritvâ kâyassa bhedâ param maraṇâ apâyaṃ duggatiṃ vinipâtaṃ nirayaṃ upapajjati; evaṃ *puggalo tamo hoti tamaparâyano.*

Kathañ ca puggalo tamo hoti jotiparâyano?

Idh' ekacco puggalo nîce kule . . . pe . . . seyyâvasathapadîpeyyassa; so kâyena sucaritaṃ carati vâcâya sucaritaṃ carati manasâ sucaritaṃ carati, so kâyena sucaritaṃ caritvâ vâcâya sucaritaṃ caritvâ manasâ sucaritaṃ caritvâ kâyassa bhedâ paraṃ maraṇâ sugatiṃ saggaṃ lokaṃ upapajjati: evaṃ *puggalo tamo hoti jotiparâyano.*

Kathañ ca puggalo joti hoti tamaparâyano?

Idh' ekacco puggalo ucce kule paccâjâto hoti khattiyamahâsâlakule vâ, brâhmaṇamahâsâlakule vâ, gahapatimahâsâlakule vâ, aḍḍhe mahaddhane mahâbhoge pahûtajâtarûparajate pahûtavittûpakaraṇe pahûtadhanadhaññe; so ca hoti abhirûpo dassanîyo pâsâdiko paramâya vaṇṇapokkharatâya samannâgato lâbhî . . . pe . . . seyyâvasathapadîpeyassa; so kâyena duccaritaṃ carati . . . pe . . . manasâ duccaritaṃ carati, so kâyena duccaritaṃ caritvâ . . . pe . . . manasâ duccaritaṃ caritvâ kâyassa bhedâ param maraṇâ apâyaṃ duggatiṃ vinipâtaṃ nirayaṃ upapajjati: evaṃ *puggalo joti hoti tamaparâyano.*

Kathañ ca puggalo joti hoti jotiparâyano?

Idh' ekacco puggalo ucce kule . . . pe . . . seyyâvasathapadîpeyyassa; so kâyena sucaritaṃ carati . . . pe . . . manasâ carati, so kâyena sucaritaṃ caritvâ . . . pe . . . manasâ sucaritaṃ caritvâ kâyassa bhedâ param maraṇâ sugatiṃ saggaṃ lokaṃ upapajjati: evaṃ *puggalo joti hoti jotiparâyano.*

20. *Kathañ ca puggalo oṇatoṇato hoti?*

. . . pe [iv. 19*a*.] . . .; evaṃ *puggalo oṇatoṇato hoti.*

Kathañ ca puggalo oṇatuṇṇato hoti?

. . . pe [iv. 19*b*.] . . .; evaṃ *puggalo oṇatuṇṇato hoti.*

Kathañ ca puggalo uṇṇatoṇato hoti?

. . . pe [iv. 19*c*.] . . .; evaṃ *puggalo uṇṇatoṇato hoti.*

Kathañ ca puggalo uṇṇatuṇṇato hoti?

. . . pe [iv. 19*d*.] . . .; evaṃ *puggalo uṇṇatuṇṇato hoti.*

21. *Tattha katame cattâro rukkhûpamâ puggalâ?*

Cattâro rukkhâ:—pheggu sâraparivâro, sâro pheggupariwâro, pheggu pheggupariwâro, sâro sâraparivâro: evam evaṃ cattâro 'me rukkhûpamâ puggalâ santo saṃvijjamâna lokasmiṃ. Katame cattâro? Pheggu sâraparivâro, sâro pheggupariwâro, pheggu pheggupariwâro, sâro sâraparivâro.

Kathañ ca puggalo pheggu hoti sâraparivâro?

Idh' ekacco puggalo dussîlo hoti pâpadhammo parisâ ca khvassa hoti sîlavatî kalyâṇadhammâ: evaṃ *puggalo pheggu hoti sâraparivâro*, seyyathâpi so rukkho pheggu sâraparivâro tathûpamo ayaṃ puggalo.

Kathañ ca puggalo sâro hoti phegguparivâro?

Idh' ekacco puggalo sîlavâ hoti kalyâṇadhammo parisâ ca khvassa hoti dussîlo pâpadhammo; evaṃ *puggalo sâro hoti pheggu-parivâro*, seyyathâpi so rukkho sâro phegguparivâro tathûpamo ayaṃ puggalo.

Kathañ ca puggalo pheggu hoti phegguparivâro?

Idh' ekacco puggalo dussîlo hoti pâpadhammo parisâ ca khvassa hoti dussîlo pâpadhammo: evaṃ *puggalo pheggu hoti phegguparivâro*, seyyathâpi so rukkho pheggu hoti pheggu-parivâro, tathûpamo ayaṃ puggalo.

Kathañ ca puggalo sâro hoti sâraparivâro?

Idh' ekacco puggalo sîlavâ hoti kalyâṇadhammo parisâ ca khvassa hoti sîlavatî kalyâṇadhammâ: evaṃ *puggalo sâro hoti sâraparivâro*, seyyathâpi so rukkho sâro hoti sâraparivâro tathûpamo ayaṃ puggalo. Ime cattâro rukkhûpamâ puggalâ santo saṃvijjamânâ lokasmiṃ.

22. *Katamo ca puggalo rûpappamâṇo rûpappasanno?*

Idh' ekacco puggalo ârohaṃ vâ passitvâ pariṇâhaṃ vâ passitvâ saṇṭhânaṃ vâ passitvâ pâripûriṃ vâ passitvâ tattha pamâṇaṃ gahetvâ pasâdaṃ janeti, ayaṃ *puggalo rûpappamâṇo rûpappasanno.*

Katamo ca puggalo ghosappamâṇo ghosappasanno?

Idh' ekacco puggalo paravaṇṇanâya parathomanâya parapasaṃsanâya paravaṇṇabhâritâya tattha pamâṇaṃ gahetvâ pasâdaṃ janeti, ayaṃ *puggalo ghosappamâṇo ghosappasanno.*

Katamo ca puggalo lûkhappamâṇo lûkhapasano?

Idh' ekacco puggalo cîvaralûkhaṃ vâ passitvâ pattalûkhaṃ vâ passitvâ senâsanalûkhaṃ vâ passitvâ vividhaṃ vâ dukkarakârikaṃ passitvâ tattha pamâṇaṃ gahetvâ pasâdaṃ janeti, ayaṃ vuccati *puggalo lûkhappamâṇo lûkhapasanno.*

Katamo ca puggalo dhammappamâṇo dhammappasanno?

Idh' ekacco puggalo sîlaṃ vâ passitvâ samâdhiṃ vâ passitvâ

paññaṃ vâ passitvâ tattha pamâṇaṃ gahetvâ pasâdaṃ janeti, ayaṃ vuccati *puggalo dhammappamâṇo dhammapasanno.*

23. *Kathañ ca puggalo attahitâya paṭipanno hoti no parahitâya?*

Idh' ekacco puggalo attanâ sîlasampanno hoti no paraṃ sîlasampadâya samâdapeti, attanâ samâdhisampanno hoti no paraṃ samâdhisampadâya samâdapeti, attanâ paññâsampanno hoti no paraṃ paññâsampadâya samâdapeti, attanâ vimuttisampanno hoti no paraṃ vimuttisampadâya samâdapeti, attanâ vimuttiñâṇadassanasampanno hoti no paraṃ vimuttiñâṇadassanasampadâya samâdapeti: evaṃ *puggalo attahitâya paṭipanno hoti no parahitâya.*

Kathañ ca puggalo parahitâya paṭipanno hoti no attahitâya?

Idh' ekacco puggalo attanâ na sîlasampanno hoti paraṃ sîlasampadâya samâdapeti, attanâ na samâdhisampanno hoti paraṃ samâdhisampadâya samâdapeti, attanâ na paññâsampanno hoti paraṃ paññâsampadâya samâdapeti, attanâ na vimuttisampanno hoti vimuttisampadâya samâdapeti, attanâ na vimuttiñâṇadassanasampanno hoti paraṃ vimuttiñâṇadassanasampadâya samâdapeti: evaṃ *puggalo parahitâya paṭipanno hoti no attahitâya.*

Kathañ ca puggalo attahitâya c' eva paṭipanno hoti parahitâya ca?

Idh' ekacco puggalo attanâ ca sîlasampanno hoti parañ ca sîlasampadâya samâdapeti, attanâ ca samâdhisampanno hoti parañ ca samâdhisampadâya samâdapeti, attanâ ca paññâsampanno hoti parañ ca paññâsampadâya samâdapeti, attanâ ca vimuttisampanno hoti parañ ca vimuttisampadâya samâdapeti, attanâ ca vimuttiñâṇadassanasampanno hoti parañ ca vimuttiñâṇadassanasampadâya samâdapeti: *puggalo attahitâya c' eva paṭipanno hoti parahitâya ca.*

Kathañ ca puggalo n' eva attahitâya paṭipanno hoti no parahitâya?

Idh' ekacco puggalo attanâ na sîlasampanno hoti no paraṃ sîlasampadâya samâdapeti, attanâ na samâdhisampanno hoti no paraṃ samâdhisampadâya samâdapeti, attanâ na paññâsampanno hoti no paraṃ paññâsampadâya samâdapeti, attanâ na vimuttisampanno hoti no paraṃ vimuttisampadâya samâdapeti, attanâ na vimuttiñâṇadassanasampanno hoti no paraṃ vimuttiñâṇadassanasampadâya samâdapeti; evaṃ *puggalo n' eva attahitâya paṭipanno hoti no parahitâya.*

24. *Kathañ ca puggalo attantapo hoti attaparitâpanânuyogam anuyutto?*

Idh' ekacco puggalo acelako hoti muttacâro hatthâpalekhaṇo, na-ehi-bhadantiko na-tiṭṭha-bhadantiko nâbhihaṭaṃ na uddissakataṃ na nimantanaṃ sâdiyati, so na kumbhimukhâ paṭigaṇhâti na khaḷopimukhâ paṭigaṇhâti, na eḷakamantaraṃ na daṇḍamantaraṃ na musalamantaraṃ na dvinnaṃ bhuñjamânânaṃ na gabbhiniyâ na pâyamânâya na purisantaragatâya, na saṅkittisu, na yattha sâ upaṭṭhito hoti, na yattha makkhikâ saṇḍasaṇḍacârinî, na macchaṃ na maṃsaṃ, na suraṃ na merayaṃ na thusodakam pivati: so ekâgâriko vâ hoti ekâlopiko dvâgâriko vâ hoti dvâlopiko . . . pe . . . sattâgâriko vâ hoti sattâlopiko, ekissâpi dattiyâ yâpeti dvîhi pi dattîhi yâpeti . . . pe . . . sattahi pi dattîhi yâpeti, ekâhikam pi âhâraṃ âhâreti dvîhikam pi âhâraṃ âhâreti . . . pe . . . sattâhikam pi âhâraṃ âhâreti iti evarûpaṃ aḍḍhamâsikam pi pariyâyabhattabhojanânuyogam anuyutto viharati, so sâkabhakkho vâ hoti sâmâkabhakkho vâ hoti nîvârabhakkho vâ hoti daddulabhakkho vâ hoti sâtabhakkho vâ hoti kaṇabhakkho vâ hoti âcâmabhakkho vâ hoti piññâkabhakkho vâ hoti tiṇabhakkho vâ hoti gomayabhakkho vâ hoti, vanamûlaphalâhâre yâpeti pavattaphalabhojî: so sâṇâni pi dhâreti masâṇâni pi dhâreti chavadussâni pi dhâreti paṃsukûlâni pi dhâreti tirîṭâni pi dhâreti ajinâni pi dhâreti ajinakkhipam pi dhâreti kusacîram pi dhâreti vâkacîram pi dhâreti phalakacîram pi dhâreti kesakambalam pi dhâreti vâlakambalam pi dhâreti ulûkapakkhikam pi dhâreti, kesamassulocano pi hoti kesamassulocanânuyogam anuyutto, ubbhaṭṭhako pi hoti âsanapaṭikkhitto, ukkuṭiko pi hoti ukkuṭikappadhânam anuyutto, kaṇṭakâpassayiko pi hoti kaṇṭakâpassaye seyyaṃ kappeti, sâyaṃ tatiyakam pi udakorohanânuyogam anuyutto viharati, iti evarûpaṃ anekavihitaṃ kâyassa âtâpanaparitâpanânuyogam anuyutto viharati; evaṃ *puggalo attantapo hoti attaparitâpanânuyogam anuyutto.*

Kathañ ca puggalo parantapo hoti paraparitâpanânuyogam anuyutto?

Idh' ekacco puggalo orabbhiko hoti sûkariko mâgaviko sâkuṇiko luddo macchaghâtako coro coraghâtako bandhanâgâriko, ye vâ pan' aññe pi keci kurûrakammantâ: evaṃ *puggalo parantapo hoti paraparitâpanânuyogam anuyutto.*

Kathañ ca puggalo attantapo ca hoti attaparitâpanânuyogam-anuyutto parantapo ca paraparitâpanânuyogam anuyutto?

Idh' ekacco puggalo râjâ vâ hoti khattiyo muddhâvasitto brâhmaṇo vâ mahâsâlo, so puratthimena nagarassa navayaññâgâraṃ kârâpetvâ kesamassuṃ ohâretvâ kharâjinaṃ nivâsetvâ sappitelena kâyaṃ abbhañjitvâ migavisâṇena piṭṭhiṃ kaṇḍuvamâno yaññâgâraṃ pavisati saddhiṃ mahesiyâ brâhmaṇena ca purohitena, so tattha anantarahitâya bhûmiyâ haritûpalittâya seyyaṃ kappeti; ekissâ gâviyâ sarûpavacchâya yaṃ ekasmiṃ thane khîraṃ hoti tena râjâ yâpeti, yaṃ dutiyasmiṃ thane khîraṃ hoti tena mahesî yâpeti, yaṃ tatiyasmiṃ thane khîraṃ hoti tena brâhmaṇo purohito yâpeti, yaṃ catutthasmiṃ thane khîraṃ hoti tena aggiṃ juhanti, avasesena vacchako yâpeti; so evam âha:-ettakâ usabhâ haññantu yaññatthâya, ettakâ vacchatarâ haññantu yaññatthâya, ettakâ vacchatariyo haññantu yaññathâya, ettakâ ajâ haññantu yaññatthâya, ettakâ urabbhâ haññantu yaññatthâya, ettakâ rukkhâ chijjantu yûpatthâya, ettakâ dubbâ lûyantu barihisatthâyâ ti ye pi' ssa honti dâsâ ti vâ pessâ ti vâ kammakârâ ti vâ te pi daṇḍatajjitâ bhayatajjitâ assumukhâ rudamânâ parikammâni karonti: evaṃ *puggalo attantapo ca hoti attaparitâpanânuyogam anuyutto parantapo ca paraparitâpanânuyogam anuyutto.*

Kathañ ca puggalo n' eva attantapo hoti attaparitâpanânuyogam anuyutto na parantapo paraparitâpanânuyogam anuyutto?

So anattantapo aparantapo diṭṭh' eva dhamme nicchâto nibbuto sîtibhûto sukhapaṭisaṃvedî brahmabhûtena attanâ viharati.

Idha Tathâgato loke uppajjati arahaṃ sammâsambuddho

vijjâcaraṇasampanno sugato lokavidû anuttaro purisadammasârathi satthâ devamanussânaṃ buddho bhagavâ: so imaṃ lokaṃ sadevakaṃ samârakaṃ sabrahmaṇaṃ sassamaṇabrâhmaṇaṃ pajaṃ sadevamanussaṃ sayaṃ abhiññâ sacchikatvâ pavedeti, so dhammaṃ deseti âdi kalyâṇaṃ majjhe kalyâṇaṃ pariyosâne kalyâṇaṃ sâtthaṃ savyañjanaṃ, kevalaparipuṇṇaṃ parisuddhaṃ brahmacariyaṃ pakâseti. Taṃ dhammaṃ suṇâti gahapati vâ gahapatiputto vâ aññatarasmiṃ vâ kule paccâjâto, so taṃ dhammaṃ sutvâ Tathâgate saddhaṃ paṭilabhati.

So tena saddhâpaṭilâbhena samannâgato iti paṭisañcikkhati sambâdho gharâvâso rajapatho abbhokâso pabbajâ, na yidaṃ sukaraṃ agâraṃ ajjhâvasato ekantaparipuṇṇaṃ ekantaparisuddhaṃ saṅkhalikkhitaṃ brahmacariyaṃ carituṃ, yaṃ nunâhaṃ kesamassuṃ ohâretvâ kâsâyâni vatthâni acchâdetvâ agârasmâ anâgâriyaṃ pabbajeyyan ti: so aparena samayena appaṃ vâ bhogakkhandhaṃ pahâya, mahantaṃ vâ bhogakkhandhaṃ pahâya, appaṃ vâ ñâtiparivaṭṭaṃ pahâya, mahantaṃ vâ ñâtiparivaṭṭaṃ pahâya, kesamassuṃ ohâretvâ kâsâyâni vatthâni acchâdetvâ agârasmâ anâgâriyaṃ pabbajati.

So evaṃ pabbajito samâno bhikkhûnaṃ sikkhâsâjîvasamâpanno pâṇâtipâtaṃ pahâya pâṇâtipâtâ paṭivirato hoti, nihitadaṇḍo nihitasattho lajjî dayâpanno sabbapâṇabhûtahitânukampî viharati: adinnâdânaṃ pahâya adinnâdânâ paṭivirato hoti, dinnâdâyî dinnapâṭikaṅkhî athenena sucibhûtena attanâ viharati; abrahmacariyaṃ pahâya brahmacârî hoti anâcârî paṭivirato methunâ gâmadhammâ, musâvâdaṃ pahâya musâvâdâ paṭivirato hoti, saccavâdî saccasandho theto paccayiko avisaṃvâdako lokassa, pisuṇaṃ vâcaṃ pahâya pisuṇâya vâcâya paṭivirato hoti, ito sutvâ na amutra akkhâtâ imesaṃ bhedâya amutra vâ sutvâ na imesaṃ akkhâtâ amusaṃ bhedâya, iti bhinnânaṃ vâ sandhâtâ sahitânaṃ vâ anuppadâtâ samaggârâmo samaggarato samagganandî samaggakaraṇiṃ vâcaṃ bhâsitâ hoti, pharusaṃ vâcaṃ pahâya pharusavâcâ paṭivirato hoti, yâ sâ vâcâ neḷâ kaṇṇasukhâ pemanîyâ hadayaṅgamâ porî bahujanakantâ bahujanamanâpâ tathârûpaṃ vâcaṃ bhâsitâ hoti, samphappalâpaṃ pahâya samphappalâpâ paṭivirato hoti, kâlavâdî bhûtavâdî atthavâdî dhammavâdî vinayavâdî nidhânavatiṃ vâcaṃ bhâsitâ kâlena sâpadesaṃ pariyantavatiṃ atthasaṃhitaṃ.

So bîjagâmabhûtagâmasamârambhâ paṭivirato hoti, ekabhattiko hoti, rattûparato vikâlabhojanâ, naccagîtavâditavisûkadassanâ paṭivirato hoti, mâlâgandhavilepanadhâraṇamaṇḍanavibhûsanaṭṭhânâ paṭivirato hoti, uccâsayanamahâsayanâ paṭivirato hoti, jâtarûparajatapaṭiggahaṇâ paṭivirato hoti, âmakadhaññapaṭiggahaṇâ paṭivirato hoti, âmakamaṃsapaṭiggahaṇâ paṭivirato hoti, itthikumâripaṭiggahaṇâ paṭivirato hoti, dâsidâsapaṭiggahaṇâ paṭivirato hoti, ajeḷakapaṭiggahaṇâ paṭivirato hoti, kukkuṭasûkarapaṭiggahaṇâ paṭivirato hoti, hatthigavâssavaḷavapaṭiggahaṇâ paṭivirato hoti, khettavatthupaṭiggahaṇâ paṭivirato hoti, dûteyyapahîṇagamanânuyogâ paṭivirato hoti, kayavikkayâ paṭivirato hoti, tulâkûṭakaṃsakûṭamânakûṭâ paṭivirato hoti, ukkoṭanavañcananikatisâciyogâ paṭivirato hoti chedanavadhabandhanaviparâmosa-âlopasahasâkârâ paṭivirato hoti.

So santuṭṭho hoti kâyaparihârikena cîvarena kucchiparihârikena piṇḍapâtena, so yena yen' eva pakkamati, samâdây' eva pakkamati: seyyathâpi nâma pakkhisakuṇo yena yen' eva ḍeti sapattabhâro va ḍeti, evam evaṃ bhikkhu santuṭṭho hoti kâyaparihârikena cîvarena kucchiparihârikena piṇḍapâtena, yena yen' eva pakkamati samâday' eva pakkamati: so iminâ ariyena sîlakkhandena samannâgato ajjhattaṃ anavajjasukhaṃ paṭisaṃvedeti.

So cakkhunâ rûpaṃ disvâ na nimittaggâhî hoti nânuvyañjanaggâhî yatvâdhikaraṇam enaṃ cakkhundriyaṃ asaṃvutaṃ viharantaṃ abhijjhâdomanassâ pâpakâ akusalâ dhammâ anvâssaveyyuṃ tassa saṃvarâya paṭipajjati rakkhati cakkhundriyaṃ cakkhundriye saṃvaraṃ âpajjati: sotena saddaṃ sutvâ . . . pe . . . ghâṇena gandhaṃ ghâyitvâ . . . pe . . . jivhâya rasaṃ sâyitvâ . . . pe . . . kâyena phoṭṭhabbaṃ phusitvâ . . . pe . . . manasâ dhammaṃ viññâya na nimittaggâhî hoti nânuvyañjanaggâhî yatvâdhikaraṇam enaṃ manindriyaṃ asaṃvutaṃ viharantaṃ abhijjhâdomanassâ pâpakâ akusalâ dhammâ anvâssaveyyuṃ tassa saṃvarâya paṭipajjati rakkhati manindriyaṃ manindriye saṃvaraṃ âpajjati: so iminâ ariyena indriyasaṃvarena samannâgato ajjhattaṃ avyâsekasukhaṃ paṭisaṃvedeti.

So abhikkante paṭikkante sampajânakârî hoti, âlokite vilokite sampajânakârî hoti, sammiñjite pasârite sampajânakârî hoti, saṅghâṭipattacîvaradhâraṇe sampajânakârî hoti, asite pite khâyite sâyite sampajânakârî hoti, uccârapassâvakamme sampajânakâri hoti, gate ṭhite nisinne sutte jâgarite bhâsite tuṇhîbhâve sampajânakârî hoti.

So iminâ ca ariyena sîlakkhandhena samannâgato iminâ ca ariyena indriyasaṃvarena samannâgato iminâ ca ariyena satisampajaññena samannâgato imâya ca ariyâya santuṭṭhiyâ samannâgato vivittaṃ senâsanaṃ bhajati âraññaṃ rukkhamûlaṃ pabbataṃ kandaraṃ giriṃ guhaṃ susânaṃ vanapatthaṃ abbhokâsaṃ palâlapuñjaṃ: so pacchâbhattaṃ piṇḍapâtapaṭikkanto nisîdati pallaṅkaṃ âbhujitvâ ujuṃ kâyaṃ paṇidhâya parimukhaṃ satiṃ upaṭṭhapetvâ: so abhijjhaṃ loke pahâya vigatâbhijjhena cetasâ viharati abhijjhâya cittaṃ parisodheti: vyâpâdapadosaṃ pahâya avyâpannacitto viharati sabbapâṇabhûtahitânukampî vyâpâdapadosâ cittaṃ parisodheti: thînamiddhaṃ pahâya vigatathînamiddho viharati âlokasaññî sato sampajâno thînamiddhâ cittaṃ parisodheti: uddhaccakukkuccaṃ pahâya anuddhato viharati ajjhattaṃ vûpasantacitto uddhaccakukkuccâ cittaṃ parisodheti: vicikicchaṃ pahâya tiṇṇavicikiccho viharati akathaṅkathî kusalesu dhammesu vicikicchâya cittaṃ parisodheti.

So ime pañca nîvaraṇe pahâya cetaso upakkilese paññâya dubbalîkaraṇe vivicc' eva kâmehi vivicca akusalehi dhammehi savitakkaṃ savicâraṃ vivekajaṃ pîtisukhaṃ paṭhamaṃ jhânaṃ upasampajja viharati: vitakkavicârânaṃ vûpasamâ ajjhattaṃ sampasâdanaṃ cetaso ekodibhâvaṃ avitakkaṃ avicâraṃ samâdhijaṃ pîtisukhaṃ dutiyaṃ jhânaṃ upasampajja viharati: pîtiyâ ca virâgâ upekkhako ca viharati sato sampajâno sukhañ ca kâyena paṭisaṃvedeti yan taṃ ariyâ âcikkhanti upekkhako satimâ sukhavihârî ti tatiyaṃ jhânaṃ upasampajja viharati: sukhassa ca pahânâ dukkhassa ca pahânâ pubb' eva somanassadomanassânaṃ atthaṅgamâ adukkhamasukhaṃ upekkhâsatipârisuddhiṃ catutthaṃ jhânaṃ upasampajja viharati.

So evaṃ samâhite citte parisuddhe pariyodâte anaṅgane vigatûpakkilese mudubhûte kammanîye ṭhite ânejjappatte pubbenivâsânussatiñâṇâya cittaṃ abhininnâmeti: so anekavihitaṃ pubbenivâsaṃ anussarati, seyyathîdaṃ ekam pi jâtiṃ dve pi jâtiyo tisso pi jâtiyo catasso pi jâtiyo pañca pi jâtiyo dasa pi jâtiyo vîsam pi jâtiyo tiṃsam pi jâtiyo cattârîsam pi jâtiyo paññâsam pi jâtiyo jâtisatam pi jâtisahassam pi jâtisatasahassam pi aneke pi saṃvaṭṭakappe aneke pi vivaṭṭakappe aneke pi saṃvaṭṭavivaṭṭakappe: amutrâsim evaṃnâmo evaṃgotto evaṃvaṇṇo evamâhâro evaṃsukhadukkhapaṭisaṃvedî evamâyupariyanto, so tato cuto amutra udapâdiṃ, tatrâpâsiṃ evaṃnâmo evaṃgotto evaṃvaṇṇo evamâhâro evaṃsukhadukkhapaṭisaṃvedî evamâyupariyanto, so tato cuto idhûpapanno ti iti sâkâraṃ sa-uddesaṃ anekavihitaṃ pubbenivâsaṃ anussarati.

So evaṃ samâhite citte parisuddhe pariyodâte anaṅgane vigatûpakkilese mudubhûte kammanîye ṭhite ânejjapatte sattânaṃ cutupapâtañâṇâya cittaṃ abhininnâmeti: so dibbena cakkhunâ suddhena atikkantamânusakena satte passati cavamâne upapajjamâne hîne paṇîte suvaṇṇe dubbaṇṇe sugate duggate yathâkammûpage satte pajânâti— ime vata bhonto sattâ kâyaduccaritena samannâgatâ vacîduccaritena samannâgatâ manoduccaritena samannâgatâ ariyânaṃ upavâdakâ micchâdiṭṭhikâ micchâdiṭṭhikammasamâdânâ te kâyassa bhedâ param maraṇâ apâyaṃ duggatiṃ vinipâtaṃ nirayaṃ upapannâ— ime vata bhonto sattâ kâyasucaritena samannâgatâ, vacîsucaritena samannâgatâ, manosucaritena samannâgatâ ariyânaṃ anupavâdakâ sammâdiṭṭhikâ sammâdiṭṭhikammasamâdânâ te kâyassa bhedâ param maraṇâ sugatiṃ saggaṃ lokaṃ upapannâ ti; so iti dibbena cakkhunâ visuddhena atikkantamânusakena satte passati cavamâne upapajjamâne hîne paṇîte suvaṇṇe dubbaṇṇe sugate duggate yathâkammûpage satte pajânâti.

So evaṃ samâhite citte parisuddhe pariyodâte anaṅgaṇe vigatûpakkilese mudubhûte kammanîye ṭhite ânejjappatte âsavânaṃ khayañâṇâya cittaṃ abhininnâmeti: so idaṃ dukkhan ti yathâbhûtaṃ pajânâti . . . pe . . . ayaṃ dukkhanirodhagâminî paṭipadâ ti yathâbhûtaṃ pajânâti:

ime âsavâ ti yathâbhûtaṃ pajânâti, ayaṃ âsavasamudayo ti yathâbhûtaṃ pajânâti, . . . pe . . . ayaṃ âsavanirodhagâminî paṭipadâ ti yathâbhûtaṃ pajânâti. Tassa evaṃ jânato evaṃ passato kâmâsavâ pi cittaṃ vimuccati, bhavâsavâ pi cittaṃ vimuccati, avijjâsavâ pi cittaṃ vimuccati, vimuttasmiṃ vimuttam iti ñâṇaṃ hoti, khîṇâ jâti vusitaṃ brahmacariyaṃ kataṃ karaṇîyaṃ nâparaṃ itthattâyâti pajânâti.

Evaṃ *puggalo n' eva attantapo hoti na attaparitâpanânuyogam anuyutto na parantapo na paraparitâpanânuyogam anuyutto*: so ca anattantapo aparantapo diṭṭh' eva dhamme nicchâto nibbuto sîtibhûto sukhapaṭisaṃvedî brahmabhûtena attanâ viharati.

25. *Katamo ca puggalo sarâgo?*

Yassa puggalassa râgo appahîṇo, ayaṃ vuccati *puggalo sarâgo.*

Katamo ca puggalo sadoso?

Yassa puggalassa doso appahîṇo, ayaṃ vuccati *puggalo sadoso.*

Katamo ca puggalo samoho?

Yassa puggalassâ moho appahîṇo, ayaṃ vuccati *puggalo samoho.*

Katamo ca puggalo samâno?

Yassa puggalassa mâno appahîṇo, ayaṃ vuccati *puggalo samâno.*

26. *Kathañ ca puggalo lâbhî hoti ajjhattaṃ cetosamathassa na lâbhî adhipaññâdhammavipassanâya?*

Idh' ekacco puggalo lâbhî hoti rûpasahatagânaṃ vâ arûpasahagatânaṃ vâ samâpattînaṃ, na lâbhî lokuttaramaggassa vâ phalassa vâ, evaṃ *puggalo lâbhî hoti ajjhattaṃ cetosamathassa na lâbhî adhipaññâdhammavipassanâya.*

Kathañ ca puggalo lâbhî hoti adhipaññâdhammavipassanâya na lâbhî ajjhattaṃ cetosamathassa?

Idh' ekacco puggalo lâbhî hoti lokuttaramaggassa vâ phalassa vâ, na lâbhî rûpasahagatânaṃ vâ arûpasahagatânaṃ vâ samâpattînaṃ: evaṃ *puggalo lâbhhî hoti adhipaññâdhammavipassanâya na lâbhî ajjhattaṃ cetosamathassa.*

Kathañ ca puggalo lâbhî c' eva hoti ajjhattaṃ cetosamathassa lâbhî adhipaññâdhammavipassanâya?

Idh' ekacco puggalo lâbhî hoti rûpasahagatânaṃ vâ arûpasahagatânaṃ vâ samâpattînaṃ lâbhî lokuttaramaggassa vâ phalassa vâ, evaṃ *puggalo lâbhî c' eva hoti ajjhattaṃ cetosamathassa lâbhî adhipaññâdhammavipassanâya.*

Kathañ ca puggalo n' eva lâbhî hoti ajjhattaṃ cetosamathassa na lâbhî adhipaññâdhammavipassanâya?

Idh' ekacco puggalo n' eva lâbhî hoti rûpasahagatânaṃ vâ arûpasahagatânaṃ vâ samâpattînaṃ, na labhî lokuttaramaggassa vâ phalassa vâ, evaṃ *puggalo n' eva lâbhî hoti ajjhattaṃ cetosamathassa na lâbhî adhipaññâdhammavipassanâya.*

27. *Katamo ca puggalo anusotagâmî?*

Idh' ekacco puggalo kâme ca paṭisevati pâpañca kammaṃ karoti, ayaṃ *puggalo anusotogâmî.*

Katamo ca puggalo paṭisotagâmî?

Idh' ekacco puggalo kâme ca na paṭisevati pâpañca kammaṃ na karoti, so sahâ pi dukkhena sahâ pi domanassena assumukhena pi rudamâno paripuṇṇaṃ parisuddhaṃ brahmacariyaṃ carati, ayaṃ vuccati *puggalo paṭisotagâmî.*

Katamo ca puggalo ṭhitatto?

Idh' ekacco puggalo pañcannaṃ orambhâgiyânaṃ saṃyojanânaṃ parikkhayâ opapâtiko hoti tattha-parinibbâyî anâvattidhammo tasmâ lokâ, ayaṃ vuccati *puggalo ṭhitatto.*

Katamo ca puggalo tiṇṇo pâraṅgato phale tiṭṭhati brâhmaṇo?

Idh' ekacco puggalo âsavânaṃ khayâ anâsavaṃ cetovimuttiṃ paññâvimuttiṃ diṭṭh' eva dhamme sayaṃ abhiññâ sacchikatvâ upasampajja viharati, ayaṃ vuccati *puggalo tiṇṇo pâraṅgato phale tiṭṭhati brâhmaṇo.*

28. *Kathañ ca puggalo appassuto hoti sutena anupapanno?*

Idh' ekaccassa puggalassa appakaṃ sutaṃ hoti suttaṃ geyyaṃ veyyâkaraṇaṃ gâthaṃ udânaṃ itivuttakaṃ jâtakaṃ abbhutadhammaṃ vedallaṃ, so tassa appakassa sutassa na attham aññâya na dhammam aññâya na dhammânudhammapaṭipanno hoti, evaṃ *puggalo appassuto hoti sutena anupapanno.*

Kathañ ca puggalo appassuto hoti sutena upapanno?

Idh' ekaccassa puggalassa appakaṃ sutaṃ hoti suttaṃ . . . pe . . . vedallaṃ: so tassa appakassa sutassa attham aññâya dhammam aññâya dhammânudhammapaṭipanno hoti, evaṃ *puggalo appassuto hoti sutena upapanno.*

Kathañ ca puggalo bahussuto hoti sutena anupapanno?

Idh' ekaccassa puggalassa bahukaṃ sutaṃ hoti suttaṃ . . . pe . . . vedallaṃ, so tassa bahukassa sutassa na attham aññâya na dhammam aññâya na dhammânudhammapaṭipanno hoti, evaṃ *puggalo bahussuto hoti sutena anupapanno.*

Kathañ ca puggalo bahussuto hoti sutena upapanno?

Idh' ekaccassa puggalassa bahukaṃ sutaṃ hoti suttaṃ . . . pe . . . vedallaṃ: so tassa bahukassa sutassa attham aññâya dhammam aññâya dhammânudhammapaṭipanno hoti, evaṃ *puggalo bahussuto hoti sutena upapanno.*

29. *Katamo ca puggalo samaṇamacalo?*

Idh' ekacco puggalo saṃyojanânaṃ parikkhayâ sotâpanno hoti avinipâtadhammo niyato sambodhiparâyano, ayaṃ vuccati *puggalo samaṇamacalo.*

Katamo ca puggalo samaṇapadumo?

Idh' ekacco puggalo tiṇṇaṃ saṃyojanânaṃ parikkhayâ râgadosamohânaṃ tanuttâ sakadâgâmî hoti sakid eva imaṃ lokaṃ âgantvâ dukkhass' antaṃ karoti, ayaṃ vuccati *puggalo samaṇapadumo.*

Katamo ca puggalo samaṇapuṇḍarîko?

Idh' ekacco puggalo pañcannaṃ orambhâgiyânaṃ saṃyojanânaṃ parikkhayâ opapâtiko hoti tattha-parinibbâyî anâvattidhammo tasmâ lokâ, ayaṃ vuccati *puggalo samaṇapuṇḍarîko.*

Katamo ca puggalo samaṇesu samaṇasukhumâlo?

Idh' ekacco puggalo âsavânaṃ khayâ anâsavaṃ cetovimuttiṃ paññâvimuttiṃ diṭṭh' eva dhamme sayaṃ abhiññâ sacchikatvâ upasampajja viharati, ayaṃ vuccati *puggalo samaṇesu samaṇasukhumâlo ti.*

CATUTTHAṂ NIṬṬHITAṂ.

V.

PAÑCA PUGGALÂ.

1. *Tatra yvâyaṃ puggalo ârabhati ca vippaṭisârî ca hoti tañ ca cetovimuttiṃ paññâvimuttiṃ yathâbhûtaṃ nappajânâti yatth' assa te uppannâ pâpakâ akusalâ dhammâ aparisesâ nirujjhanti*, so evaṃ assa vacanîyo:- âyasmato kho ârambhajâ âsavâ saṃvijjanti vippaṭisârajâ âsavâ pavaḍḍhanti, sâdhu vatâyasmâ ârambhaje âsave pahâya vippaṭisâraje âsave paṭivinodetvâ cittaṃ paññañ ca bhâvetu, evam âyasmâ amunâ pañcamena puggalena samasamo bhavissatî ti.

Tatra yvâyaṃ puggalo ârabhati na vippaṭisârî hoti tañ ca cetovimuttiṃ paññâvimuttiṃ yathâbhûtaṃ nappajânâti yatth' assa te uppannâ pâpakâ akusalâ dhammâ aparisesâ nirujjhanti so evam assa vacanîyo:- âyasmato kho ârambhajâ âsavâ saṃvijjanti vippaṭisârajâ âsavâ nappavaḍḍhanti, sâdhu vatâyasmâ ârambhaje âsave pahâya cittaṃ paññañ ca bhâvetu, evam âyasmâ amunâ pañcamena puggalena samasamo bhavissatî ti.

Tatra yvâyaṃ puggalo na ârabhati vippaṭisârî hoti tañ ca cetovimuttiṃ paññâvimuttiṃ yathâbhûtaṃ nappajânâti yatth' assa te uppannâ pâpakâ akusalâ dhammâ aparisesâ nirujjhanti, so evaṃ assa vacanîyo:- âyasmato kho ârambhajâ âsavâ na saṃvijjanti vippaṭisârajâ âsavâ pavaḍḍhanti, sâdhu vatâyasmâ vippaṭisâraje âsave paṭivinodetvâ cittaṃ paññañ ca bhâvetu, evam âyasmâ amunâ pañcamena puggalena samasamo bhavissatî ti.

Tatra yvâyaṃ puggalo na ârabhati na vippaṭisârî hoti tañ ca cetovimuttiṃ paññâvimuttiṃ yathâbhûtaṃ nappajânâti yatth' assa te uppannâ pâpakâ akusalâ dhammâ aparisesâ nirujjhanti, so evam assa vacanîyo:- âyasmato kho ârambhajâ âsavâ na saṃvijjanti vippaṭisârajâ âsavâ nappavaḍḍhanti, sâdhu vatâyasmâ cittaṃ paññañ ca bhâvetu, evam âyasmâ amunâ pañcamena puggalena samasamo bhavissatî ti.

Ime cattâro puggalâ amunâ pañcamena puggalena evaṃ ovadiyamânâ evam anusâsiyamânâ anupubbena âsavânaṃ khayaṃ pâpuṇanti.

2. *Kathañ ca puggalo datvâ avajânâti?*

Idh' ekacco puggalo yassa puggalassa deti cîvarapiṇḍapâtasenâsanagilânapaccayabhesajjaparikkhâraṃ tassa evaṃ hoti:—ayaṃ dammi, ayaṃ pana paṭigaṇhâtî ti, tam enaṃ datvâ avajânâti, evaṃ puggalo datvâ avajânâti.

Kathañ ca puggalo saṃvâsena avajânâti?

Idh' ekacco puggalo puggalena saddhiṃ saṃvasati dve vâ tîṇi vâ vassâni tam enaṃ saṃvâsena avajânâti, evaṃ puggalo saṃvâsena avajânâti.

Kathañ ca puggalo âdheyyamukho hoti?

Idh' ekacco puggalo parassa vaṇṇe vâ avaṇṇe vâ bhâsiyamâne khippañ ñeva adhimuccitâ hoti, evaṃ puggalo âdheyyamukho hoti.

Kathañ ca puggalo lolo hoti?

Idh' ekacco puggalo ittarasaddho hoti ittarabhatti ittarapemo ittarappasâdo, evaṃ puggalo lolo hoti.

Kathañ ca puggalo mando momûho hoti?

Idh' ekacco puggalo kusalâkusale dhamme na jânâti sâvajjânavajje dhamme na jânâti hînappaṇîte dhamme na jânâti kaṇhasukkasappaṭibhâge dhamme na jânâti, evaṃ puggalo mando momûho hoti.

3. *Tattha katame pañca yodhâjîvûpamâ puggalâ?*

Pañca yodhâjîvâ:—Idh' ekacco yodhâjîvo rajaggañ ñeva disvâ saṃsîdati visîdâti na santhambhati na sakkoti saṅgâmaṃ otarituṃ, evarûpo pi idh' ekacco yodhâjîvo hoti ayaṃ paṭhamo yodhâjîvo santo saṃvijjamâno lokasmiṃ.

Puna ca paraṃ. Idh' ekacco yodhâjîvo sahati rajaggaṃ, api ca kho dhajaggañ ñeva disvâ saṃsîdati visîdati na santhambhati na sakkoti saṅgâmaṃ otarituṃ, evarûpo pi idh' ekacco yodhâjîvo hoti ayaṃ dutiyo yodhâjîvo santo saṃvijjamâno lokasmiṃ.

Puna ca paraṃ. Idh' ekacco yodhâjîvo sahati rajaggaṃ sahati dhajaggaṃ api ca kho ussâdanaṃ yeva sutvâ saṃsîdati visîdati na santhambhati na sakkoti saṅgâmaṃ otarituṃ, evarûpo pi idh' ekacco yodhâjîvo hoti ayaṃ tatiyo yodhâjîvo santo saṃvijjamâno lokasmiṃ.

Puna ca paraṃ. Idh' ekacco yodhâjîvo sahati rajaggaṃ

sahati dhajaggaṃ sahati ussâdanaṃ api ca kho sampahâre haññati vyâpajjati, evarûpo pi idh' ekacco yodhâjîvo hoti ayaṃ catuttho yodhâjîvo santo saṃvijjamâno lokasmiṃ.

Puna ca paraṃ. Idh' ekacco yodhâjîvo sahati rajaggaṃ sahati dhajaggaṃ sahati ussâdanaṃ sahati sampahâraṃ so taṃ saṅgâmaṃ abhivijinitvâ vijitasaṅgâmo, tam eva saṅgâmasîsaṃ ajjhâvasati, evarûpo pi idh' ekacco yodhâjîvo hoti ayaṃ pañcamo yodhâjîvo santo saṃvijjamâno lokasmiṃ. Ime pañca yodhâjîvâ santo saṃvijjamânâ lokasmiṃ evam evaṃ pañc' ime yodhâjîvûpamâ puggalâ santo saṃvijjamânâ bhikkhûsu. Katame pañca?

Idh' ekacco bhikkhu rajaggañ ñeva disvâ saṃsîdati visîdati na santhambhati, na sakkoti brahmacariyaṃ santânetuṃ sikkhâdubbalyaṃ âvikatvâ sikkhaṃ paccakkhâya hînâya âvattati. Kim assa rajaggasmiṃ? Idha bhikkhu suṇâti asukasmiṃ nâma gâme vâ nigame vâ itthî vâ kumârî abhirûpâ dassanîyâ pâsâdikâ paramâya vaṇṇapokkharatâya samannâgatâ ti, so taṃ sutvâ saṃsîdati visîdati na santhambhati na sakkoti brahmacariyaṃ santânetuṃ, sikkhâdubbalyaṃ âvikatvâ sikkhaṃ paccakkhâya hînâya âvattati, idaṃ assa rajaggasmiṃ: seyyathâpi so yodhâjîvo rajaggañ ñeva disvâ saṃsîdati visîdati na santhambhati na sakkoti saṅgâmaṃ otarituṃ, tathûpamo ayaṃ puggalo: evarûpo pi idh' ekacco puggalo hoti ayaṃ paṭhamo yodhâjîvûpamo puggalo santo saṃvijjamâno lokasmiṃ.

Puna ca param. Idh' ekacco bhikkhu sahati rajaggaṃ api ca kho dhajaggañ ñeva disvâ saṃsîdati visîdati na santhambhati, na sakkoti brahmacariyaṃ santânetuṃ sikkhâdubbalyaṃ âvikatvâ sikkhaṃ paccakkhâya hinâya âvattati. Kim assa dhajaggasmiṃ? Idha bhikkhu na h' eva kho suṇâti asukasmiṃ nâma gâme vâ nigame vâ itthî vâ kumârî vâ abhirûpâ dassanîyâ pâsâdikâ paramâya vaṇṇapokkharatâya samannâgatâ ti, api ca kho sâmañ ca passati itthiṃ vâ kumâriṃ vâ abhirûpaṃ dassanîyaṃ pâsâdikaṃ paramâya vaṇṇapokkharatâya samannâgataṃ, so taṃ disvâ saṃsîdati visîdati na santhambhati na sakkoti brahmacariyaṃ santânetuṃ sikkhâdubbalyaṃ âvikatvâ sikkhaṃ paccakkhâya hînâya âvattati idaṃ assa dhajaggasmiṃ: seyyathâpi so yodhâjîvo sahati rajaggaṃ api ca kho dhajaggaṃ yeva disvâ saṃsîdati visîdati na santhambhati na sakkoti saṅgâmaṃ otarituṃ, tathûpamo ayaṃ puggalo: evarûpo pi idh' ekacco puggalo hoti ayaṃ dutiyo yodhâjîvûpamo puggalo santo saṃvijjamâno bhikkhûsu.

Puna ca paraṃ. Idh' ekacco bhikkhu sahati rajaggaṃ sahati dhajaggaṃ api ca kho ussâdanaṃ yeva sutvâ saṃsîdati visîdati na santhambhati na sakkoti brahmacariyaṃ santânetuṃ sikkhâdubbalyaṃ âvikatvâ sikkhaṃ paccakkhâya hînâya âvattati. Kiṃ assa ussâdanâya? Idha bhikkhuṃ âraññagataṃ vâ rukkhamûlagataṃ vâ suññâgâragataṃ vâ mâtugâmo upasaṅkamitvâ ûhasati ullapati ujjaggheti uppaṇḍeti, so mâtugâmena ûhasiyamâno ullapiyamâno ujjagghiyamâno uppaṇḍiyamâno saṃsîdati visîdati na santhambhati na sakkoti brahmacariyaṃ santânetuṃ sikkhâ dubbalyaṃ âvikatvâ sikkhaṃ paccakkhâya hînâya âvattati, idaṃ assa ussâdanâya: seyyathâpi so yodhâjîvo sahati rajaggaṃ sahati dhajaggaṃ api ca kho ussâdanaṃ yeva sutvâ saṃsîdati visîdati na santhambhati na sakkoti saṅgâmaṃ otarituṃ, tathûpamo ayaṃ puggalo: evarûpo pi idh' ekacco puggalo hoti ayaṃ tatiyo yodhâjîvûpamo puggalo santo saṃvijjamâno bhikkhûsu.

Puna ca paraṃ. Idh' ekacco bhikkhu sahati rajaggaṃ sahati dhajaggaṃ sahati ussâdanaṃ api ca kho sampahâre haññati vyâpajjati. Kim assa sampahârasmiṃ? Idha bhikkhuṃ âraññagataṃ vâ rukkhamûlagataṃ vâ suññâgâragataṃ vâ mâtugâmo upasaṅkamitvâ abhinisîdati abhinipajjati ajjhottharati, so mâtugâmena abhinisîdiyamâno abhinipajjiyamâno ajjhotthariyamâno sikkhaṃ apaccakkhâya dubbalyaṃ anâvikatvâ methunaṃ dhammaṃ paṭisevati, idam assa sampahârasmiṃ: seyyathâpi so yodhâjîvo sahati rajaggaṃ sahati dhajaggaṃ sahati ussâdanaṃ apo ca kho sampahâre haññati vyâpajjati, tathûpamo ayaṃ puggalo: evarûpo pi idh' ekacco puggalo hoti ayaṃ catuttho yodhâjîvûpamo puggalo santo saṃvijjamâno bhikkhûsu.

Puna ca param. Idh' ekacco bhikkhu sahati rajaggaṃ sahati dhajaggaṃ sahati ussâdanaṃ sahati sampahâraṃ, so taṃ saṅgâmaṃ abhivijinitvâ vijitasaṅgâmo tam eva saṅgâmasîsaṃ ajjhâvasati. Kim assa saṅgâmavijayasmiṃ? Idha bhikkhuṃ âraññagataṃ vâ rukkhamûlagataṃ vâ suññâgâragataṃ vâ mâtugâmo upasaṅkamitvâ abhinisîdati abhinipajjati ajjhottharati, so mâtugâmena abhinisîdiyamâno abhinipajjiyamâno ajjhotthariyamâno viniveṭhetvâ vinimocetvâ yena kâmaṃ pakkamati, so vivittaṃ senâsanaṃ bhajati âraññaṃ rukkhamûlaṃ pabbataṃ kandaraṃ giriṃ guhaṃ susânaṃ vanapatthaṃ abbhokâsaṃ palâlapuñjaṃ: so âraññagato vâ rukkhamûlagato vâ suññâgâragato vâ nisîdati pallaṅkaṃ âbhujitvâ ujuṃ kâyaṃ paṇidhâya parimukhaṃ satiṃ upaṭṭhapetvâ: so abhijjhaṃ loke pahâya vigatâbhijjhena cetasâ viharati, abhijjhâya cittaṃ parisodheti: vyâpâdapadosaṃ pahâya avyâpannacitto viharati sabbapâṇabhûtahitânukampî vyâpâdapadosâ cittaṃ parisodheti: thînamiddhaṃ pahâya vigatathînamiddho viharati, âlokasaññî sato sampajâno thînamiddhâ cittaṃ parisodheti: uddhaccakukkuccaṃ pahâya anuddhato viharati ajjhattaṃ vûpasantacitto uddhaccakukkuccâ cittaṃ parisodheti: vicikicchaṃ pahâya tiṇṇavicikiccho viharati, akathaṅkathî kusalesu dhammesu vicikicchâya cittaṃ parisodheti: so ime pañca nîvaraṇe pahâya cetaso upakkilese paññâya dubbalîkaraṇe vivicc' eva kâmehi vivicca akusalehi dhammehi savitakkaṃ savicâraṃ vivekajaṃ pîtisukhaṃ paṭhamaṃ jhânaṃ upasampajja viharati: vitakkavicârânaṃ vûpasamâ dutiyajhânaṃ, tatiyajhânaṃ, catutthajhânaṃ upasampajja viharati.

So evaṃ samâhite citte parisuddhe pariyodâte anaṅgaṇe vigatûpakkilese mudubhûte kammanîye ṭhite âneñjappatte âsavânaṃ khayañâṇâya cittaṃ abhininnâmeti: so idaṃ dukkhan ti yathâbhûtaṃ pajânâti . . . pe . . . ayam dukkhanirodhagâminî paṭipadâ ti yathâbhûtaṃ pajânâti: ime âsavâ ti yathâbhûtaṃ pajânâti . . . pe . . . ayaṃ âsavanirodhagâminî paṭipadâ ti yathâbhûtaṃ pajânâti. Tassa evaṃ jânato evaṃ passato kâmâsavâ pi cittaṃ vimuccati, bhavâsavâ pi cittaṃ vimuccati, avijjâsavâ pi cittâṃ vimuccati, vimuttasmiṃ vimuttam iti ñâṇaṃ hoti, khîṇâ jâti vusitaṃ brahmacariyaṃ kataṃ karaṇîyaṃ nâparaṃ itthattâyâ ti pajânâti. Idam assa saṅgâmavijayasmiṃ, seyyathâpi so yodhâjîvo sahati rajaggaṃ sahati dhajaggaṃ sahati ussâdanaṃ sahati sampahâraṃ, so taṃ saṅgâmaṃ abhinivijinitvâ vijitasaṅgâmo tam eva saṅgâmasîsaṃ ajjhâvasati, tathûpamo ayaṃ puggalo, evarûpo pi idh' ekacco puggalo hoti ayaṃ pañcamo yodhâjîvûpamo puggalo santo saṃvijjamâno bhikkhûsu. Ime pañca yodhâjîvûpamâ puggalâ santo saṃvijjamânâ bhikkhûsu.

4. *Tattha katame pañca piṇḍapâtikâ?*

Mandattâ momûhattâ piṇḍapâtiko hoti, pâpiccho icchâpakato piṇḍapâtiko hoti, ummâdâ cittavikkhepo piṇḍapâtiko hoti, vaṇṇitaṃ buddhehi buddhasâvakehî ti piṇḍapâtiko hoti, api ca appicchaṃ yeva nissâya santuṭṭhiṃ yeva nissâya sallekhaṃ yeva nissâya idamaṭṭhikaṃ yeva nissâya piṇḍapâtiko hoti.

Tatra yvâyaṃ piṇḍapâtiko appicchaṃ yeva nissâya santuṭṭhiṃ yeva nissâya sallekhaṃ yeva nissâya idamaṭṭhikaṃ yeva nissâya piṇḍapâtiko, ayaṃ imesaṃ pañcannaṃ piṇḍapâtikânaṃ aggo ca seṭṭho ca pâmokkho ca uttamo ca pavaro ca: seyyathâpi nâma gavâ khîraṃ khîramhâ dadhi dadhimhâ navanîtaṃ navanîtamhâ sappi sappimhâ sappimaṇḍo tattha aggaṃ akkhâyati, evam evaṃ svâyaṃ piṇḍapâtiko appicchaṃ yeva nissâya santuṭṭhiṃ yeva nissâya sallekhaṃ yeva nissâya idamaṭṭhikaṃ yeva nissâya piṇḍapâtiko: ayaṃ imesaṃ pañcannaṃ piṇḍapâtikânaṃ aggo ca seṭṭho ca pâmokkho ca uttamo ca pavaro ca; ime ca pañca piṇḍapâtikâ.

5–14. *Tattha katame pañca khalupacchâbhattikâ, pañca ekâsanikâ, pañca paṃsukûlikâ, pañca tecîvarikâ, pañca âraññikâ, pañca rukkhamûlikâ, pañca abbhokâsikâ, pañca nesajjikâ, pañca yathâsanthatikâ,*[1] *pañca sosânikâ?*

Tattha katame pañca sosânikâ?

Mandattâ momûhattâ sosâniko hoti, pâpiccho icchâpakato sosâniko hoti, ummâdâ cittavikkhepo sosâniko hoti, vaṇṇitaṃ buddhehi buddhasâvakehi ti sosâniko hoti, api ca appicchaṃ yeva nissâya santuṭṭhiṃ yeva nissâya sallekhaṃ yeva nissâya idam aṭṭhikaṃ yeva nissâya sosâniko hoti.

Tatra yvâyaṃ sosâniko appicchaṃ yeva nissâya santuṭṭhiṃ

---

[1] § 4 is to be repeated with each of these.

yeva nissâya sallekhaṃ yeva nissâya idamaṭṭhikaṃ yeva nissâya sosâniko, ayaṃ imesaṃ pañcannaṃ sosânikânaṃ aggo ca seṭṭho ca pâmokkho ca uttamo ca pavaro ca: seyyathâpi nâma gavâ khîraṃ khîramhâ dadhi dadhimhâ navanîtaṃ navanîtamhâ sappi sappimhâ sappimaṇḍo tattha aggam akkhâyati, evam evaṃ svâyaṃ sosâniko appicchaṃ yeva nissâya santuṭṭhiṃ yeva nissâya sallekhaṃ yeva nissâya idamaṭṭhikaṃ yeva nissaya sosâniko hoti: ayaṃ imesaṃ pañcannaṃ sosânikânaṃ aggo ca seṭṭho ca pâmokkho ca pavaro ca; ime pañca sosânikâ ti.

PAÑCAKAṂ NIṬṬHITAṂ.

VI.

CHA PUGGALÂ.

1. *Tatra yvâyaṃ puggalo pubbe ananussutesu dhammesu sâmaṃ saccâni abhisambujjhati tattha ca sabbaññutaṃ pâpuṇâti phalesu ca vasîbhâvaṃ?*

Sammâsambuddho tena daṭṭhabbo.

Tatra yvâyaṃ puggalo pubbe ananussutesu dhammesu sâmaṃ saccâni abhisambujjhati na ca tattha sabbaññutaṃ pâpuṇâti na ca phalesu vasîbhâvaṃ?

Paccekasambuddho tena daṭṭhabbo.

Tatra yvâyaṃ puggalo pubbe ananussutesu dhammesu sâmaṃ saccâni abhisambujjhati diṭṭh' eva dhamme dukkhass' antakaro hoti sâvakapâramiñ ca pâpuṇâti?

Sâriputtamoggalânâ tena daṭṭhabbâ.

Tatra yvâyaṃ puggalo pubbe ananussutesu dhammesu sâmaṃ saccâni abhisambujjhati diṭṭh' eva dhamme dukkhass' antakaro hoti na ca sâvakapâramiṃ pâpuṇâti?

Avasesâ ârahanto tena daṭṭhabbâ.

Tatra yvâyaṃ puggalo pubbe ananussutesu dhammesu sâmaṃ saccâni abhisambujjhati diṭṭh' eva dhamme dukkhass' antakaro hoti anâgâmî hoti anâgantvâ itthattaṃ?

Anâgâmî tena daṭṭhabbo.

Tatra yvâyaṃ puggalo pubbe ananussutesu dhammesu sâmaṃ saccâni abhisambujjhati na ca diṭṭh' eva dhamme dukkhass' antakaro hoti sakadâgâmî hoti âgantvâ itthattaṃ?

Sotâpannasakadâgâmino tena daṭṭhabbâ ti.

CHAKKAṂ NIṬṬHITAṂ.

VII.

SATTA PUGGALA.

1. *Kathañ ca puggalo sakiṃ nimuggo nimuggo va hoti?*

Idh' ekacco puggalo samannâgato hoti ekantakâlakehi akusalehi dhammehi, evaṃ puggalo sakiṃ nimuggo nimuggo va hoti.

Kathañ ca puggalo ummujjitvâ nimujjati?

Idh' ekacco puggalo ummujjati sâhusaddhâkusalesu dhammesu, ummujjati sâhuhirikusalesu dhammesu, ummujjati sâhu-ottappakusalesu dhammesu, ummujjati sâhuviriyakusalesu dhammesu, ummujjati sâhu paññâkusalesu dhammesû ti: tassa sâ saddhâ n' eva tiṭṭhati no vaḍḍhati hâyati c' eva, tassa sâ hirî n' eva tiṭṭhati no vaḍḍhati hâyati c' eva, tassa taṃ ottappaṃ n' eva tiṭṭhati no vaḍḍhati hâyati c' eva, tassa taṃ viriyaṃ n' eva tiṭṭhati no vaḍḍhati hâyati c' eva, tassa sâ paññâ n' eva tiṭṭhati no vaḍḍhati hâyati c' eva: evaṃ puggalo ummujjitvâ nimujjati.

Kathañ ca puggalo ummujjitvâ ṭhito hoti?

Idh' ekacco puggalo ummujjati sâhusaddhâ . . . pe . . . -paññâ kusalesu dhammesû ti, tassa sâ saddhâ n'eva hâyati no vaḍḍhati ṭhito hoti, tassa sâ hirî n' eva hâyati no vaḍḍhati ṭhito hoti, tassa taṃ ottappaṃ n' eva hâyati no vaḍḍhati ṭhito hoti, tassa taṃ viriyaṃ n' eva hâyati no vaḍḍhati ṭhito hoti tassa sâ paññâ n' eva hâyati no vaḍḍhati ṭhito hoti tassa sâ pañña n' eva hâyati no vaḍḍhati ṭhito hoti: evaṃ puggalo ummujjitvâ ṭhito hoti.

Kathañ ca puggalo ummujjitvâ vipassati viloketi?

Idh' ekacco puggalo ummujjati sâhusaddhâ . . . pe . . .

paññâ kusalesu dhammesû ti, so tiṇṇaṃ saṃyojanânaṃ parikkhayâ sotâpanno hoti avinipâtadhammo niyato sambodhiparâyano, evaṃ puggalo ummujjati vipassati viloketi.

Kathañ ca puggalo ummujjitvâ patarati?

Idh' ekacco puggalo ummujjati sâhusaddhâ . . . pe . . . -paññâ kusalesu dhammesû ti, so tiṇṇaṃ saṃyojanânaṃ parikkhayâ râgadosamohânaṃ tanuttâ sakadâgamî hoti sakid eva imaṃ lokaṃ âgantvâ dukkhass' antakaro hoti: evaṃ puggalo ummujjitvâ patarati.

Kathañ ca puggalo ummujjitvâ paṭigâdhappatto hoti?

Idh' ekacco puggalo ummujjati sâhusaddhâ . . . pe . . . -paññâ kusalesu dhammesû ti, so pañcannaṃ orambhâgiyânaṃ saññojanânaṃ parikkhayâ opapâtiko hoti tattha-parinibbâyî anâvattidhammo tasmâ lokâ: evaṃ puggalo ummujjitvâ paṭigâdhappatto hoti.

Kathañ ca puggalo ummujjitvâ tiṇṇo hoti pâraṅgato phale tiṭṭhati brâhmaṇo?

Idh' ekacco puggalo ummujjati sâhusaddhâ . . . pe . . . -paññâ kusalesu khammesû ti, so âsavânaṃ khayâ anâsavaṃcetovimuttiṃ paññavimuttiṃ diṭṭh' eva dhamme sayaṃ abhiññâ sacchikatvâ upasampajja viharati: evaṃ puggalo ummujjitvâ tiṇṇo hoti pâraṅgato phale tiṭṭhati brâhmaṇo.

2. *Katamo ca puggalo ubhatobhâgavimutto?*

Idh' ekacco puggalo aṭṭha vimokkhe kâyena phusitvâ, paññâya c' assa disvâ âsavâ parikkhînâ honti: ayaṃ puggalo ubhatobhâgavimutto.

Katamo ca puggalo paññâvimutto kâyasakkhî diṭṭhippatto saddhâvimutto dhammânusârî? [1]

Katamo ca puggalo saddhânusârî?

Yassa puggalassa sotâpattiphalasacchikiriyâya paṭipannassa saddhindriyaṃ adhimattaṃ hoti, saddhâvâhiṃ saddhâ-pubbaṅgamaṃ ariyamaggaṃ bhâveti: ayaṃ vuccati puggalo saddhânusârî. Sotâpattiphalasacchikiriyâya paṭipanno puggalo saddhânusârî phale ṭhito saddhâvimutto ti.

SATTAKA-NIDDESO.

[1] For these first five which the text here repeats see I. 31-35.

VIII.

AṬṬHA PUGGALA.

1. *Tattha katame cattâro maggasamaṅgino cattâro phalasamaṅgino puggalâ?*

Sotâpanno sotâpattiphalasacchikiriyâya paṭipanno; sakadâgâmî, sakadâgâmîphalasacchikiriyâya paṭipanno; anâgâmî anâgâmîphalasacchikiriyâya paṭipanno; arahâ arahattâya paṭipanno. Ime cattâro maggsamaṅgino, ime cattâro phalasamaṅgino puggalâ ti.

AṬṬHAKA-NIDDESO.

IX.

NAVA PUGGALÂ.

1. *Katamo ca puggalo sammâsambuddho?*

Idh' ekacco pugggalo pubbe ananussutesu dhammesu sâmaṃ saccâni abhisambujjhati tattha ca sabbaññutaṃ pâpuṇâti phalesu ca vasîbhâvaṃ: ayaṃ vuccati puggalo sammâsambuddho.

Katamo ca puggalo paccekasambuddho?

Idh' ekacco puggalo pubbe ananussutesu dhammesu sâmaṃ saccâni abhisambujjhati na ca tattha sabbaññutaṃ pâpuṇâti na ca phalesu vasîbhâvaṃ: ayaṃ vuccati puggalo paccekasambuddho.

Katamo ca puggalo ubhatobhâgavimutto?

Idh' ekacco puggalo aṭṭha vimokkhe kâyena phusitvâ viharati paññâya c' assa disvâ âsavâ parikkhîṇâ honti: ayaṃ vuccati puggalo ubhatobhâgâvimutto.

Katamo ca puggalo paññâvimutto?

Idh' ekacco puggalo na h' eva kho aṭṭha vimokkhe kâyena phusitvâ viharati paññâya c' assa disvâ âsavâ parikkhîṇâ honti: ayaṃ vuccati puggalo paññâvimutto.

Katamo ca puggalo kâyasakkhi?

Idh' ekacco puggalo aṭṭha vimokkhe kâyena phusitvâ viharati paññâya c' assa disvâ ekacce âsavâ parikkhîṇâ honti: ayaṃ vuccati puggalo kâyasakkhî.

Katamo ca puggalo diṭṭhippatto?

Idh' ekacco puggalo idaṃ dukkhan ti yathâbhûtaṃ pajânâti . . . pe . . . ayaṃ dukkhanirodhagâminî paṭipadâ ti yathâbhûtaṃ pajânâti, Tathâgatappaveditâ c' assa dhammâ paññâya vo diṭṭhâ honti vo caritâ, paññâya c' assa disvâ ekacce âsavâ parikkhîṇâ honti: ayaṃ vuccati puggalo diṭṭhippatto.

Katamo ca puggalo saddhâvimutto?

Idh' ekacco puggalo idaṃ dukkhan ti yathâbhûtaṃ pajânâti . . . pe . . . [see I. 34] parikkhîṇâ honti no ca kho yathâ diṭṭhippattassa: ayaṃ vuccati puggalo saddhâvimutto.

Katamo ca puggalo dhammânusârî?

Yassa puggalassa sotâpattiphalasacchikiriyâya . . . pe [I. 35] . . . paṭipanno puggalo dhammânusârî phale ṭhito diṭṭhippatto.

Katamo ca puggalo saddhânusârî?

Yassa puggalassa sotâpattiphalasacchikiriyâya . . . pe . . . [I. 36] . . . paṭipanno puggalo saddhânusârî phale ṭhito saddhâvimutto.

NAVAKA-NIDDESO.

X.

DASA PUGGALÂ.

1. *Katamesaṃ pañcannaṃ idha niṭṭhâ?*

Sattakkhattuṃ paramassa kolaṅkolassa ekabîjissa sakadâgâmissa yo ca diṭṭh' eva dhamme arahâ, imesaṃ pañcannaṃ idha niṭṭhâ. *Katamesaṃ pañcannaṃ idha vihâya niṭṭhâ?* Antarâparinibbâyissa upahaccaparinibbâyissa asaṅkharaparinibbâyissa sasaṅkhâraparinibbâyissa uddhaṃsotassa akaniṭṭhagâmino imesaṃ pañcannaṃ idha vihâya niṭṭhâ ti.

Ettâvatâ puggalânaṃ puggalapaññattî ti.

DASAKA-NIDDESO.

PUGGALAPAÑÑATTI NIṬṬHITÂ.

INDEX.

A.

Akathaṅkathî, 59.
Akaniṭṭha, 17.
Akaniṭṭhagâmî, 17.
Akasiralâbhî, 11, 12.
Akiccalâbhî, 11, 12.
Akuppadhamma, 11.
Akkodhana, 22.
Akkosati, 37.
Akkhâta, 57.
Akkhâyati, 69, 70.
Agâḷha, 32.
Agâra, 55, 56, 57.
Agâravatâ, 20.
Agârika, 55.
Aguttadvâra, 20, 21.
Aguttadvâratâ, 20.
Agutti, 21.
Agopanâ, 21.
Aggahitatta, 19, 23.
Aggi, 56.
Agga, 70.
Acarima, 13.
Acelaka, 55.
Acchandika, 13.
Acchâdanâ, 19, 23.
Acchâdeti, 57.
Aja, 56.
Ajina, 55.
Ajeḷakapaṭiggahana, 58.
Ajjhatta, 59.
Ajjhattasaññojana, 22.
Ajjhâvasati, 57.
Ajjhottharati, 67, 68.
Ajjhupekkhati, 36, 37.
Aññâtâvindriya, 2.
Aññindriya, 2.
Aññâṇaṃ, 21.
Aṭṭhâna, 11.
Aṭṭhika (? aṭṭhita), 69, 70.
Aḍḍha, 52.
Aḍḍhamâsika, 55.
Atappa, 17.
Atikkamati, 17.
Atikkanta, 17; atikkantamânusaka, 60.
Attantapa, 55, 56.
Attha, 63; atthavâdî, 58; atthasaṃhita, 58.
Atthaṅgama, 52.
Athena, 57.
Adassanaṃ, 21.
Adinnâdâna, 39, 40.
Adinnâdâyî, 38, 39.

Adhâraṇatâ, 21.
Adhika, 35.
Adhikaraṇa, 20, 55.
Adhigacchati, 30, 31.
Adhipaññâ, 61.
Adhimatta, 15.
Adhimuccati, 63.
Adhimutta, 26.
Anagâriya, 57.
Anattamana, 33.
Anattamanatâ, 18.
Anattha, 37.
Ananuvicca, 48, 49.
Ananussuta, 14.
Ananussati, 21.
Anantarahita, 56.
Anabhisamaya, 21.
Anariya, 13, 14.
Anavakâsa, 11, 12.
Anabhijjhâlu, 40,
Anavajja, 30, 41; anavajja-sukhapaṭisaṃvedî, 58.
Anavajjatâ, 25, 41.
Anavasesa, 17.
Anaṅgaṇa, 60.
Anaññâtaññassâmîtindriya, 2.
Anâcârî, 57.
Anâgâmî, 16, 37, 70.
Anâgâriya, 57.
Anâdariya, 20.
Anâdariyatâ, 20.
Anârakkha, 21.
Anâvikatvâ, 57.
Anâvikamma, 19, 23.
Anâsava, 27.
Anâvattidhamma, 16, 17, 62.
Aniyata, 13.
Anissukî, 23.
Anukampâ, 35.
Anukampî, 57, 68.
Anugati, 33, 34.
Anuggaṇhâti, 36.
Anuggaha, 25.
Anuññâta, 28.
Anuttânikamma, 19.
Anuddayâ, 35.
Anuddhata, 59.
Anudhamma, 62, 63.
Anupapanna, 62, 63.
Anupabandhanâ, 18.
Anupavâdaka, 60.
Anupasaṇṭhapanâ, 18.
Anupubbena, 41, 64.
Anuppadâtâ, 57.
Anubodha, 21.
Anurakkhati, 12.
Anurakkhanâbhabba, 12.
Anuvicca, 49.
Anusañceteti, 12.
Anusaya, 21.
Anuyoga, 55.
Anuyutta, 55.
Anuvyañjana, 24, 58.
Anusârî, 15.
Anusâsati, 64.
Anusotagâmî, 62.
Anuseti, 32, 48.
Anussati, 25, 60.
Anussarati, 60.
Anussukî, 23.
Anottappa, 20.
Anottappî, 20, 24.
Anekavihita, 55.
Antara, 55; eḷakamantara daṇḍamantara, 55.

Antakara, 71.
Antarâparinibbâyî, 16.
Antoputî, 27, 36.
Anna, 51.
Andhakâra, 30.
Anvâssavati, 20, 58.
Apaccaya, 30.
Apaccavekkhanâ, 21.
Apeccavekkhakamma, 21.
Apaṭinissagga, 19, 21.
Apatta, 16.
Apâya, 51.
Apariyogâgheti, 33.
Aparipûra, 35, 36.
Aparihânadhamma, 12.
Apara, 38.
Aparantapa, 56.
Apariyogâhanâ, 21.
Aparisesa, 64.
Apalekhaṇa, (? avalekhaṇa), 55.
Apaḷâsî, 22.
Apassayika, 55.
Apubba, 13.
Appa, 39.
Appaka, 62.
Appaggha, 33.
Appagghatâ, 33.
Appaṭikûlagâhitâ, 24.
Appaṭivedha, 21.
Appaṭisaṅkhâ, 21.
Appaṭissati, 21.
Appaṭissavatâ, 20.
Appannapânabhojana, 51.
Appameyya, 35.
Appasadda, 35.
Appasâda, 49.
Appasâdanîya, 49.
Appasâvajja, 41.
Appassuta, 20, 62, 63.
Appahîna, 12, 18.
Appiccha, 70.
Abbhañjati, 56.
Abbhuggacchati, 36.
Abbhutadhamma, 13, 43.
Abbhokâsa, 57.
Abbhokâsika, 69.
Abhabbâgamana, 13.
Abhikkhaṇaṃ, 31.
Abhikkanta, 44, 45.
Abhijjhâ, 20, 59.
Abhijjhâlu, 39, 40.
Abhiññâ, 14.
Abhiṇhaṃ, 32.
Abhinîta, 29.
Abhininnâmeti, 60.
Abhinipajjati, 67, 68.
Abhinibbattati, 51.
Abhinivesa, 22.
Abhinisîdati, 67, 68.
Abhirûpa, 52.
Abhivijinati, 66.
Abhisajjati, 30, 36.
Abhisamaya, 41.
Abhisamparâya, 38.
Abhisambhujjati, 14.
Abhihaṭa, 55.
Abhejja, 30.
Abrahmacârî, 27, 36.
Abrahmacariya, 57.
Amakkhî, 22.
Amattaññû, 21.
Amattaññutâ, 21.
Amanâpa, 32.
Amukhara, 35.
Amoha, 25.

Ambûpama, 45.
Arahâ, 37, 73.
Arahatta, 73.
Ariya, 58.
Ariyamagga, 17.
Aruka, 30.
Arukûpamacitta, 30.
Ayoniso, 21.
Alâta, 36.
Avakujjapañña, 31.
Avakkanti, 13.
Avacara, 37, 38.
Avajânâti, 65.
Avaṇṇa, 48, 59.
Avaṇṇâraha, 48.
Avyâpaṇṇacitta, 68.
Avyâsekasakha, 59.
Avasitta, 56.
Avasesa, 56.
Avassuta, 27, 36.
Avikiṇṇavâca, 35.
Avijjâ, 21; -anusaya, 21; -pariyuṭṭhâna, 21; -yoga, 21; -laṅgî, 21; -âsava, 61; -ogha, 21.
Avinipâtadhamma, 16, 63.
Avipaccanîkasâtatâ, 24.
Avimutta, 27.
Avilâpanatâ, 25.
Avisaṃvâdaka, 57.
Aviha, 17.
Avîtarâga, 32.
Avîtikkama, 25.
Avyatta, 33.
Asaṅkhâra-parinibbâyî, 17, 21.
Asaṅgâhanâ, 21.
Asantuṭṭhitâ, 21.
Asamaṇa, 27.
Asamavekkhaṇâ, 21.
Asamâhita, 35.
Asamayavimutta, 11.
Asampajâna, 35.
Asampajañña, 21.
Asammussanatâ, 25.
Asaraṇatâ, 21.
Asahita, 42.
Asuci, 27, 36.
Asuropa, 18.
Assaddha, 13, 20.
Assumukha, 56.
Asekha, 14.
Ahigûthagata, 36.
Ahirika, 19, 20.

Â.

Âkiṇṇa, 31.
Âgatavisa, 48.
Âcâma, 55.
Âcikkhati, 59.
Âjîva, 51.
Âṭhapanâ, 18.
Âtâpana, 55.
Âdheyya, 34.
Âdheyyamukha, 65.
Ânantarika, 13.
Ânejjappatta, 60.
Âpajjati, 20.
Âbhujati, 59.
Âma, 44, 45; âmavaṇṇi, 44, 45.
Âmaka, 58.
Âbâdha, 28.
Âmisakiñcikkhâ, 29.
Âyatana, 1.
Âyupamâṇa. 16.

Ârakkha, 24.
Âraññagata, 68.
Âraññika, 69.
Ârabhati, 64.
Ârambha, 64; ârambhaja, 64.
Ârâma, 31, 57.
Âroha, 53.
Âloka, 25; âlokasaññi, 69.
Âlokita, 44, 45, 50.
Âlopa, 58.
Âlopika, 55.
Âvattati, 66, 67.
Âvaraṇa, 13.
Âvasatha, 51.
Âvâsa, 15, 57.
Âvâsamacchariya, 19.
Âsaṃsa, 27.
Âsanapaṭikkhitta, 55.
Âsava, 11, 27, 31; âsavapariyadâna, 13; âsavaṃ deti, 30.
Âvikatvâ, 57.
Âsa, 27.
Âsitta, 31, 32.
Âsîvisa, 48.
Âhâra, 21, 55.
Âhâreti, 21, 55.

I.

Iccha, 19.
Icchati, 19.
Icchâpakata, 69.
Itivuttaka, 43, 62.
Ittara, 65.
Itthatta, 70, 71.
Idamatthika (? Idamatthita), 69, 70.
Indriya, 2.
Issâ, 19, 23.
Issâyanâ, 19, 23.
Issukî, 19, 23.

U.

Ukkujja, 32.
Ukkutika, 55.
Ukkoṭana, 58.
Ukkhali, 33.
Ugghaṭitaññu, 41.
Ucca, 52, 58.
Ucchaṅga, 31; ucchaṅgapañña, 31, 32.
Ukkhipati, 33.
Uju, 59.
Ujjaggheti, 67.
Uṭṭhahati, 51.
Uṭṭhânaphalûpajîvî, 51.
Uḍḍayhana, 13.
Uḍḍayhati, 13.
Uṇṇata, 52.
Udaka, 31, 32.
Udâhaṭa, 41.
Udâna, 43, 62.
Uttânobhâsa, 46.
Udakarahada, 47.
Udakarohana, 55.
Udakalekhûpama, 32.
Uddissakata, 55.
Uddesa, 41, 60.
Uddhacca, 18, 59.
Uddhata, 35.
Uddhambhâgiya, 22.
Uddhaṃsota, 17.
Unnaḷa, 35.
Ucchedavâda, 38.
Upakkilesa, 60.
Upajîvî, 51.

Upaṭṭhâka, 28.
Upaṭṭhâti, 28, 55; upaṭṭhapeti, 59, 68; upaṭṭhitasati, 35.
Upadhaṃseti, 49.
Upanayhanâ, 18, 22.
Upanayhitatta, 18, 22.
Upanâha, 18, 22.
Upanâhî, 18, 32.
Upapajjati, 16, 51, 60.
Upapâta, 50.
Upaparikkhâ, 25.
Upariṭṭhima, 16, 17.
Upayâsabahula, 30, 36.
Upalakkhaṇâ, 25.
Upalitta, 56.
Upahacca-parinibbâyî, 17.
Upâdâya, 51.
Upekkhaka, 50, 59.
Upekhasati, 59.
Uppajjati, 56.
Uppaṇḍeti, 67.
Uppâdeti, 25.
Ubbejjitâ, 47, 48.
Ubbaṭṭhaka, 55.
Ubhatobhâgavimutta, 14, 73.
Ummâda, 69.
Ummujjati, 71.
Urabbha, 56.
Ulûkapakkhika, 55.
Ullapati, 67.
Usabhâ, 56.
Ussâdana, 65, 66.
Ussuyanâ, 19, 23.
Ussuyâ, 19, 23.
Ussuyitatta, 19, 23.

Û

Ûhasati, 67.

O.

Okoṭimaka, 51.
Okkamati, 13, 28.
Ogha, 21.
Oṇata, 52.
Otarati, 65, 67.
Ottappa, 71.
Ottappati, 20, 21.
Ottappî, 20.
Opapâtika, 16, 62, 63.
Obhâsa, 25, 46.
Orabbhika, 56.
Orambhâgiya, 22.
Orohanâ, 55.
Ovadati, 64.
Ohâreti, 56.

E.

Ekaggacitta, 35.
Ekacakkhu, .
Ekanta, 57, 71.
Ekabîjî, 16, 74.
Ekabhattika, 58.
Ekâgârika, 55.
Ekâlopika, 55.
Ekâsanika, 69.
Ekâhika, 55.
Ekodibhâva, 59.
Evaṃ - âyupariyanta, 60; -âhâra, 60; -gotta, 60; -nâma, 60; -vaṇṇa, 60.
Eḷaka, 55.

K.

Kaṃsakûṭa, 58.
Kakkaratâ, 19, 23.
Kakkariya, 19, 23.

Kaṭukañcukatâ, 19, 23.
Kaṭhalâ, 19, 30, 36.
Kaṭṭha, 30.
Kaṇabhakkha, 55.
Kaṇṭakâpassayika, 55.
Kaṇḍuvati, 56.
Kaṇṇasukha, 29, 57.
Kaṇhasukkasappaṭibhâga, 30.
Kataññukatavedî, 26.
Kattâ, 35.
Kathâ, 35.
Kathika, 42.
Kadariya, 19, 23.
Kantâra, 22.
Kandara, 59.
Kappa, 13.
Kappeti, 55.
Kammakâra, 56.
Kammanîya, 68.
Kammanta, 56.
Kammâvaraṇa, 13.
Kayavikkâ, 58.
Karaṇḍaka, 34.
Kalyâṇa, 53; -dhamma, 26; -mitta, 37, 41; -sampavaṅka, 37; -sahâya, 37.
Kasambukajâta, 27, 34.
Kasira, 11, 12, 51.
Kasiravuttika, 51.
Kâṇa, 51.
Kâma, 38, 39.
Kâyakamma, 41.
Kâyaparikârika, 58.
Kâyasakkhî, 14, 29.
Kâyika, 21.
Kâla, 11, 50.
Kâlaññu, 50.
Kâlavâdî, 58.
Kâsikavattha, 34.
Kâsâya, 57.
Kittisadda, 36, 37.
Kiriyâ, 17, 19, 23.
Kilesâvaraṇa, 13.
Kukkucca, 59.
Kukkuccâyati, 26.
Kukkuṭa, 58.
Kucchiparihârika, 58.
Kujjhati, 32, 48.
Kujjhanâ, 18, 22.
Kujjhitatta, 18, 22.
Kuṇi, 51.
Kuppati, 11, 12, 30.
Kuppadhamma, 11.
Kumârî, 66.
Kumbha, 32, 45.
Kumbhimukha, 55.
Kummagga, 22.
Kurûra, 56.
Kula, 51.
Kûṭa, 58.
Kûpa, 36.
Kusala, 68, 71.
Kusacîra, 55.
Kodha, 18.
Kodhana, 18.
Kolaṅkola, 16.
Kosalla, 25.
Kevala, 31.
Kesakambala, 55.
Kesamassu, 55, 57.

Kh.

Khajja, 31.
Khañja, 51.
Khattâ, 43, 44.

Khattiya, 52.
Khayañâṇa, 60.
Kharâjina, 56.
Khalupacchâbhattika, 69.
Khaḷopi, 55.
Khâyita, 59.
Khippaṃ, 32.
Khîṇa, 61.
Khîra, 56.
Khettavatthu, 58.

G.

Gajjati, 42.
Gajjitâ, 42, 44.
Gandhakaraṇḍaka, 34.
Gabbhinî, 55.
Gambhîrobhâsa, 46.
Garukâra, 19, 22.
Gavacaṇḍa, 47.
Gahana, 22.
Gâtha, 43.
Gâdha, 43, 44.
Gâma, 66.
Gâmadhamma, 57.
Gâhî, 20, 24, 58.
Gâha, 22.
Gâvî, 56.
Gilâna, 27.
Giri, 59.
Guttadvâratâ, 20, 24.
Gutti, 21, 24.
Guhâ, 59, 68.
Gûtha, 36.
Gûthabhâṇî, 29.
Gûhanâ, 19.
Go, 56, 58, 69.
Gotrabhû, 12.
Gopanâ, 24.
Gomayabhakkha, 55
Geyya, 43.

Gh.

Ghaṭati, 51.
Ghaṭṭeti, 30, 36, 51.
Ghara, 57.
Ghâṭaka, 56.
Ghâna, 20.
Ghâsacchada, 51.
Ghoravisa, 48.
Ghosappamâṇa, 53.
Ghosappasanna, 53.

C.

Caṇḍa, 47.
Caṇḍâlakula, 51.
Caṇḍitta, 18, 22.
Capala, 35.
Carati, 19, 51.
Caveti, 17, 60.
Câgavâ, 24.
Ciccitâyati, 36.
Ciṭicitâyati, 36.
Citta, 68.
Cintâ, 25.
Ciraṭṭhitika, 32, 33.
Cîraṃ, 55.
Cîvara, 53.
Cetanâbhabba, 12.
Ceto, 68.
Cetovimutti, 27, 35, 62.
Cetosamatha, 61.

Ch.

Chaḍḍeti, 33.
Chada, 51.
Chakkhumâ, 30.
Chandika, 13.
Chavadussa, 55.
Chaḷabhiññā, 14.
Châdanâ, 19.
Chijjati, 56.
Chedanâ, 58.

J.

Janeti, 49.
Jaḷa, 13.
Jâgarita, 59.
Jâti, 41.
Jâneti, 60.
Jâtaka, 43, 44.
Jigucchati, 36.
Jiṇṇa, 33.
Jîvitapariyâdâna, 13.
Juhati, 56.
Joti, 52.
Jotiparâyana, 51, 52.

Ṭh.

Ṭhapanâ, 18.
Ṭhitakappî, 13.
Ṭhitatta, 62.
Ṭhiti, 25.

Ḍ.

Ḍassati, 26.
Ḍeti, 51.

Ñ.

Ñâtiparivaṭṭa, 57.
Ñâtimajjhaggata, 29.

T.

Taccham, 50.
Tajjita, 56.
Taṇḍula, 32.
Tanutta, 16.
Tanubhâva, 17.
Tanubhûta, 17.
Tappetâ, 27.
Tamaparâyana, 51.
Tamo, 51, 57.
Tiṇḍukalâta, 36.
Tiṇabhakkha, 55.
Tiṇṇavicikiccha, 68.
Titta, 26.
Titthâyatana, 22.
Titthiya, 49.
Timisa, 30.
Tirîta, 51.
Tila, 32.
Tuccha, 45, 46.
Tulakûṭa, 58.
Tecîvarika, 69.
Tela, 56.
Tevijja, 14.

Th.

Thana, 56.
Thînamiddha, 68.
Thusa, 35.
Thomanâ, 53.
Theta, 38, 57.

D.

Daṇḍa, 55, 56.
Datti, 55.
Daddula, 55. *See* Bhakkha.
Dahi, 69, 70.
Dayâpanna, 57.
Daya, 13.
Dalidda, 51.
Daḷhikamma, 18, 22.
Dava, 21, 25.
Dassana, 27.
Dassanîya, 52, 66.
Dâsa, Dâsî, 56, 58.
Diṭṭhi, 22; diṭṭhânugati, 33; diṭṭhigata, diṭṭhippatta, 15; diṭṭhivipatti, 21; diṭṭhivipanna, 21; diṭṭhisampadâ, 25; diṭṭhisampanna, 25.
Dîgharatta, 15.
Dibba, 60.
Dukkarakârika, 53.
Dukkha, 15, 33, 68; dukkhasamphassa, 33.
Duggata, 60.
Duggati, 60.
Duggandha, 36.
Duṭṭhâruka, 30.
Duttappaya, 26.
Duddassika, 51.
Duppañña, 13, 20.
Duppaṭipadâ, 49.
Duppaṭipanna, 48, 49.
Duppameyya, 35.
Dubbâ, 56.
Dubbaca, 20.
Dubbaṇṇa, 33, 60.
Dubbaṇṇatâ, 33.
Dubbalya, 66, 67.
Dubbalîkaraṇa, 59, 68.
Dummejjha, 21.
Dullabha, 26.
Dussanâ, 18, 22.
Dussa, 55.
Dussitatta, 18, 22.
Dussîla, 20, 53.
Dussîlya, 21.
Dûteyya, 58.
Domanassa, 20, 59.
Dovacassatâ, 20.
Dovacassâya, 20.
Dovacassiya, 20.
Dosa, 16, 18.
Desanâ, 28.
Deseti, 57.

Dh.

Dhajagga, 67, 68.
Dhañña, 58.
Dhamma, 58, 66.
Dhammappamâṇa, 53.
Dhammappasanna, 53.
Dhammakathika, 42.
Dhammavicaya, .
Dhammânusârî, 15.
Dhammâbhisamaya, 41.
Dhâraṇa, 45, 58.
Dhâreti, 41, 55.

N.

Nagara, 56.
Nandî, 57.
Navanîta, 69, 70.
Nikati, 19, 23, 58.
Nikaraṇa, 19, 23.
Nikâmalâbhî, 11, 12.

Nikkujja, 31.
Nikkhipati, 26, 34.
Nigama, 66.
Nicchâta, 56.
Nicchâreti, 33.
Niddhunîya, 18, 22.
Niddhunîyakamma, 18, 22.
Niddhânavati, 58.
Nibbatteti, 16.
Nibbuta, 56, 61.
Nimantana, 55.
Nimittagâhî, 20, 24, 58.
Nimugga, 71.
Nimujjati, 74.
Niyata, 13, 16, 63.
Niyâma, 13, 15.
Niraya, 60.
Nirâsa, 27.
Nirujjhati, 64.
Nirodha, 68.
Nivâseti, 56.
Nisaṃsa, 33.
Nisevanâ, 20, 24.
Nihita, 57; -daṇḍa, 57; -sattha, 57.
Nîvaraṇa, 68.
Nîvâra, 55. *See* Bhakkha.
Nepuñña, 25, 35.
Neyya, 41.
Nerayika, 51.
Neḷa, 29, 57.
Nesajjika, 69.
Nesâdakula, 51.

P.

Paṃsukûla, 69.
Paṃsukûlika, 55.
Pakâseti, 57.
Pakirati, 32.
Pakkamati, 58.
Pakka, 45.
Pakkavaṇṇi, 44, 45.
Pakkhahata, 51.
Pakkhika, 55.
Pakkhisakuṇa, 58.
Paccakkhâya, 66, 67.
Paccayika, 57.
Paccâjâta, 51.
Paccupalakkhaṇâ, 25.
Pajâ, 57.
Pajânâti, 64.
Pajânanâ, 25.
Pajjota, 25.
Pañha, 42.
Paññatti, 1.
Paññavâ, 13.
Paññâ, 25; paññâkathâ, 35; paññâpubbangama, 15; paññasâmaññagata, 35; paññâsampadâ, 54; paññâvâhi, 15.
Paññâpeti, 37, 38.
Pâṭikaṅkhî, 57.
Paṭikkamati, 59.
Paṭikkhitta, 55.
Paṭigaṇhâti, 33, 55.
Paṭiggahaṇa, 58.
Paṭiggâha, 22.
Paṭicchâdana, 19, 23.
Paṭicchanna, 27.
Paṭiñña, 27, 36, 37, 38.
Paṭinissagga, 19, 22.
Paṭipajjati, 20, 24.
Paṭipadâ, 15, 68.
Paṭipanna, 63.
Paṭipannaka, 13.

Paṭipassaddha, 27.
Paṭibhâṇa, 42.
Paṭirûpa, 27.
Paṭilabhati, 57.
Paṭilâbha, 57.
Paṭivirata, 58.
Paṭivirodha, 18.
Paṭisaṅkhâ, 25, 57.
Paṭisaṅkhâti, 25.
Paṭisañcikkhati, 57.
Paṭisaṃvedî, 57, 58.
Paṭisaṃvedeti, 59.
Paṭisevati, 62.
Paṭissati, 25.
Paṭivinodeti, 64.
Paṭivirata, 39.
Paṭhavîlekhûpama, 32.
Paṇidhahati, 19, 25, 59, 68.
Paṇîta, 30, 60.
Paṇḍicca, 25.
Patiṭṭhiyati, 36.
Padaparama, 41.
Paduma, 63.
Padîpeyya, 51.
Patoda, 25.
Pattha, 59; vanapattha, 59.
Patha, 22, 57.
Padosa, 59, 68.
Pabbajeti, 57.
Pamâṇa, 53.
Pamâda, 11, 12.
Pamoha, 21.
Payirupâsati, 26, 33.
Parakkamati, 19, 23.
Paragavacaṇḍa, 47.
Paranimmitavasavattideva, 51.
Parantapa, 56.
Parama, 15, 16, 66.
Paralâbha, 19, 23.
Parahetu, 54.
Parâmâsa, 22.
Parâyana, 16.
Parikamma, 56.
Parikkhattiya, 19, 33.
Parikkhaya, 16, 17, 63.
Parikkhatatâ, 19, 23.
Parikkhîṇa, 11, 14.
Parigûhanâ, 19, 23.
Paricchâdanâ, 19, 23.
Pariññâ, 37.
Pariṇâyika, 25.
Pariṇâha, 53.
Paritâpana, 55, 56, 61.
Parinibbâyî, 16, 62, 63.
Paripucchati, 41.
Paripûrakârî, 37.
Paripûra, 35, 36.
Paripûreti, 31, 35, 36.
Paribhâsati, 37.
Parimajjana, 33.
Parimukha, 68.
Pariyanta, 59.
Pariyantavati, 58.
Pariyâdâna, 13.
Pariyâpuṇâti, 43, 44.
Pariyâya, 55.
Pariyogâheti, 48, 49, 50.
Pariyodâta, 60.
Pariyosâna, 31, 32.
Parivaṭṭa, 57.
Parivâra, 52, 53.
Pariyuṭṭhâna, 21.
Parisaṭha, 23.
Parisâ, 53; -aggata, 29.

Parisuddhi, 68.
Parisodheti, 50, 68.
Pariharaṇâ, 19, 23.
Parihânadhamma, 12, 14.
Parihâyati, 12.
Pariharika, 58.
Parihâreti, 12.
Palivethana, 34.
Pallaṇka, 59.
Palâla, 68.
Paḷâlapuñja, 68.
Paḷâsa, 18, 19, 22.
Paḷâsî, 18.
Paḷâsâyanâ, 18, 22.
Paḷâsâyitatta, 19, 22.
Pavaḍḍhati, 64.
Pavattanî, 35.
Pavattaphalabhojî, 55.
Pavara, 69, 70.
Pavicaya, 25.
Pavedeti, 15, 22, 57.
Pavisati, 56.
Pasaṃsanâ, 53.
Pasanna, 53.
Pasâda, 25, 49, 53.
Pasâdanîya, 49, 50.
Pahâna, 16.
Pasârita, 44, 45.
Passâva, 59.
Pahîna, 12, 22.
Pahûta, 52.
Pâkatindriya, 35.
Pâṇâtipâta, 39, 40.
Pâtukaroti, 30, 36.
Pâpa, 36 ; Pâpadhamma, 37 ; Pâpamitta, 36 ; Pâpasampavaṅka, 36 ; Pâpasahâya, 36 ; Pâpiccha, 69.
Pâpuṇâti, 70.
Pâmokkha, 69, 70.
Pâyamâna, 55.
Pâna, 51.
Pâraṅgata, 72.
Pâramî, 70.
Pâripûrî, 53.
Pâsâdika, 44, 46, 47.
Pâsâṇalekkhûpama, 32.
Piññâkabhakkha, 55.
Piṭṭhi, 56.
Piṇḍapâta, 59.
Piṇḍapâtika, 59, 69.
Piṇḍapâtapaṭikkanta, 59.
Pivati, 55.
Pisuṇa, 57 ; Pisuṇavâca, 39.
Pîti, 68.
Pukkusakula, 51.
Puñja, 68.
Puñña, 55.
Puññaphalûpajîvî, 51.
Puṇḍarîka, 63.
Puthupañña, 32.
Pubbenivâsa, 61.
Pubbenivâsânussatiñâṇâ, 60.
Pubbakârî, 26.
Pubbaṅgama, 15.
Pûgamajjhaggata, 29.
Pûjanâ, 19.
Purâṇa, 25.
Pûra, 45, 46.
Purisantaragata, 55.
Purisadhammasârathi, 57.
Purohita, 56.
Potthaka, 32, 33.
Pori, 57.
Pemanîya, 57.
Pessa, 56.

PH.

Phalakacîra, 55.
Phalasamaṅgî, 13, 14.
Pharusa, 32, 57.
Phâti, 30.
Phâsu, 35.
Phusati, 11, 56.
Pheggu, 52, 53.

B.

Badarâ, 32.
Bandhana, 58.
Bandhanâgârika, 56.
Barihisa, 56.
Balivadda, 47.
Bahiddhâsaññojana, 22.
Bahuka, 63.
Bahujanakanta, 30, 56, 57.
Bahujanamanâpa, 30, 57.
Bahula, 41.
Bahussuta, 63.
Bahvâbâdha, 51.
Bâla, 33.
Bâlya, 21.
Brahmacariya, 57.
Brahmacârî, 57.
Brahmabhûlâ, 56.

BH.

Bhakkha, 55.
Bhajati, 26, 33.
Bhajanâ, 20.
Bhaṇati, 33, 56.
Bhatta, 28, 55.
Bhatti, 20, 65.
Bhadantika, 55.
Bhabba, 12, 13.
Bhabbâgamana, 13.
Bhaya, 56.
Bhayûparata, 13.
Bhâveti, 15.
Bhâsitâ, 56.
Bhîyyosomattâya, 30.
Bhuñjati, 55.
Bhûtavâdî, 58.
Bhûmi, 56.
Bhûrî, 25.
Bhojana, 21, 55.
Bhojî, 55.
Bhoga, 30, 57.
Bhejja, 30.
Bheda, 51, 61.

M.

Maṃsa, 55.
Makkha, 18, 22.
Makkhâyanâ, 18, 22.
Makkhâyitatta, 18, 22.
Makkhika, 55.
Makkhî, 18, 22.
Makkheti, 36.
Maggasamaṅgî, 13, 73.
Maccha, 55 ; macchaghâtaka, 56.
Maccharâyanâ, 19, 23.
Maccharâyitatta, 19, 23.
Maccharî, 20.
Macchariya, 19, 23.
Maṇḍana, 21, 58.
Mattaññu, 25
Mattaññutâ, 25.
Mattasokârî, 37.
Mada, 21.
Manda, 65, 69.

Mandatta, 69.
Manokamma, 41.
Manoduccarita, 60.
Maraṇa, 60.
Masâṇa, 55.
Massu, 55.
Mahaggha, 34.
Mahagghatâ, 34.
Mahesî, 56.
Mâgavika, 56.
Mâtugâma, 68.
Mâna, 18.
Mânakûṭa, 58.
Mânana, 19, 22.
Mânussaka, 16.
Mâya, 19, 23.
Mâyâvitâ, 19, 23.
Mâyâvî, 19, 23.
Mâlâ, 56.
Migavisâṇa, 56.
Micchatta, 22.
Micchâcâra, 39, 40.
Micchâcârî, 38, 39.
Micchâdiṭṭhi, 39.
Micchâdiṭṭhika, 13, 60.
Micchâdiṭṭhikasammasamâdâna, 60.
Micchâpaṭipadâ, 49.
Micchâpaṭipanna, 49.
Micchâpatha, 22.
Mukhara, 35.
Muṭṭhasacca, 21.
Muṭṭhassati, 21, 35.
Muttacâra, 55.
Muttapaṭibhâṇa, 42.
Mudubhûta, 68.
Muddhâvasitta, 56.
Musala, 55.
Musâvâda, 57.
Musâvâdî, 29, 38.
Mûsika, 43.
Modaka, 32.
Momûha, 65.
Moha, 16.
Momûhatta, 69.
Methuna, 67.
Medhâ, 25.
Meraya, 55.

Y.

Yaññâgâra, 56.
Yadicchakaṃ, 11, 12.
Yathâsanthatika, 69.
Yatthicchakaṃ, 11, 12.
Yâna, 51.
Yâpanâ, 25.
Yâpeti, 56.
Yâvaticchakaṃ, 12, 25.
Yitthaṃ, 21.
Yutta, 21.
Yuttapaṭibhâṇa, 42.
Yuddhaggâha, 22.
Yoga, 21.
Yodhâjîva, 65, 69.
Yoniso, 25.

R.

Rakkhati, 20, 21, 58.
Rajagga, 65, 68.
Rajapatha, 57.
Ratanapaliveṭhana, 54.
Rattûparata, 58.
Rathakârakula, 51.
Rasa, 58.
Râga, 16, 18.

Rukkha-mûla, 68; rukkha-mûlagata, 68; rukkha-mûlika, 69.
Rudati, 62.
Rûpa, 18.
Rûpappasanna, 53.
Rûpasahagata, 11, 12.

L.

Laṅgi, 21.
Lajji, 57.
Labbhati, 51; laddha, 26.
Lâbhamacchariya, 19, 23.
Lâbhî, 51.
Lûkha, 53; -ppamâṇa, 53; ppasanna, 53.
Lujjati, 32, 33.
Ludda, 56.
Lûyati, 56.
Lokavâdî, 57.
Lokavidû, 57.
Lokuttaramagga, 62.
Locana, 55. *See* Kesamassulocano.
Lola, 65.

V.

Vacî-duccarita, 60.
Vacchaka, 56.
Vacchatara, 56.
Vacchatarî, 57.
Vajirûpamacitta, 30.
Vajja-savajja, 41; vajjabahula, 41.
Vañcanâ, 19, 23; vañcana, 58.
Vaṭa, 45, 46.
Vaḍḍhati, 71.
Vaṇṇapokkharatâ, 66.
Vaṇṇa, 50, 51.
Vaṇṇavâ, 34.
Vaṇṇâraha, 50, 51.
Vaṇṇî, 44.
Vaṇṇeti, 69.
Vattha, 57.
Vadati, 42.
Vadha, 58.
Vanapattha, 59, 68.
Vandana, 19, 24.
Vaḷavâ, 58.
Vasitâ, 43.
Vasîbhâva, 14, 76.
Valâhaka, 42, 43.
Vassitâ, 42, 43.
Vâkacîra, 55.
Vâcasika, 21.
Vâceti, 41.
Vâta, 32.
Vâdî, 58.
Vâyamati, 51.
Vâlakambala, 55.
Vikâla, 58.
Vikiṇṇavâca, 35.
Vikkhepa, 69.
Vigatâsa, 27.
Vicaya, 25.
Vicâra, 59, 68.
Vicikicchâ, 59.
Vicchâdanâ, 19, 23.
Vijaya, 68.
Vijita-saṅgama, 68.
Vijjâ, 14, 57.
Vijju, 30.
Vitakka, 59, 68.
Vittupakaraṇa, 52.

Vitthâreti, 41.
Vinayavâdî, 58.
Vinipâta, 60.
Vinimoceti, 68.
Vinivetheti, 69.
Vipaccanîka, 20.
Vipaccitaññû, 41.
Vipassanâ, 25.
Vipassana, 61.
Vipâka, 13, 21.
Viparâmosa, 58.
Vipariyesaggâha, 22.
Vippaṭikûla, 20.
Vippaṭisâra, 62.
Vippaṭisârî, 64.
Vipphandita, 22; diṭṭhivipphandita, 22.
Vibhajati, 41.
Vibhantacitta, 35.
Vibhûsana, 21, 58.
Vimuccati, 61, 68.
Vimutti, 27, 54, 55.
Vimokkha, 11, 12, 14.
Vilâpanatâ, 21.
Vilokita, 44, 45.
Vilepana, 51, 58.
Viriyakusala, 71.
Virodha, 18, 22.
Vivattati, 32.
Vivaṭṭa, 60.
Vivitta, 52, 68.
Vivicca, 68.
Vivâdaṭṭhâna, 19, 22.
Vivekaja, 59, 68.
Visa, 48. *See* Ghoraviso.
Visaṃvâdaka, 57.
Visajjeti, 26.
Visâṇa, 56.
Visîdati, 65.
Visûka, 58.
Visuddha, 60.
Viharati, 68.
Vihiṃsûparata, 25.
Vîtarâga, 32, 51.
Vîtikkama, 21.
Vusita, 61.
Vûpasama, 69.
Vûpasantacitta, 61.
Veṇakula, 51.
Vedana, 25, 37.
Vedalla, 43.
Vebhavya, 25.
Vemajjha, 16, 17.
Veyyâkaraṇa, 43, 50.
Veḷâ, 13.
Veramaṇî, 39, 43, 44.
Veviccha, 19, 23.
Vyañjana, 57, 58.
Vyâpajjati, 66, 67.
Vyâpajjanâ, 18, 32.
Vyâpatti, 18, 22.
Vyâpannacitta, 39, 68.
Vyâpâda, 17, 18, 59, 68.

S.

Saṃyojana, 12
Saṃvara, 59.
Saṃvaṭṭa, 60.
Saṃvasati, 65.
Saṃvâsa, 65.
Saṃvijjati, 69.
Saṃvuta, 20, 24.
Saṃvutindriya, 35.
Saṃsandati, 32.
Saṃsarati, 16.

Saṃsîdati, 65.
Saṃsevanâ, 20.
Sakagavacaṇḍa, 47.
Sakadâgâmî, 16, 63, 71.
Sakiṃ, 16.
Sakkaroti, 35.
Sakkâra, 19.
Sakkhiputtha, 29.
Saṅkassara, 27.
Saṅkârakûṭa, 33.
Saṅkappeti, 19, 23.
Saṅkitti, 55.
Saṅkhaṃ gacchati, 42.
Saṅkhalikkhita, 57.
Saṅkhâra, 17.
Saṅkhipati, 41.
Sagâravatâ, 24.
Saṅgâma, 68.
Saṅghâṭî, 59.
Sacca, 38, 71; sacca-sandha, 57; sacca-vâdî, 57.
Sacchikaroti, 13.
Sañjaneti, 16, 17.
Saññojana, 12, 15.
Saṭha, 19, 23.
Saṭhatâ, 19, 23.
Saṇṭhapanâ, 18.
Saṇṭhâti, 31, 32.
Saṇṭhânaṃ, 53
Saṇḍasaṇḍacârî, 55.
Sati, 21; Satindriya, 25; Satisammosa, 32; Satibala, 32.
Satimâ, 59.
Sattakkhattuṃ parama, 15.
Sattha, 15, 16.
Sadisa, 35.
Sadosa, 61.
Saddhâ - pubbaṅgama, 15; -vâhi, 15.
Saddhânusârî, 15.
Saddhâvimutti, 15, 65.
Santâneti, 66, 67.
Santuṭṭhita, 25, 21.
Santhambheti, 65.
Santuṭṭhi, 59, 69, 70.
Sandhâta, 57.
Sandhâvitvâ, 16.
Sandhiyati, 32.
Sapattabhâra, 58.
Sappaṭibhâga, 30, 31.
Sappaṭissavatâ, 24.
Sappi, 56, 69, 70.
Sappimaṇḍa, 70.
Sabbaññutâ, 14, 70.
Sabhaggata, 29.
Samagga, 22, 57; Samaggakaraṇî, 57; Samaggarata, 57; Samaggârâma, 57; Samagganandî, 57.
Samaggata, 22, 26.
Samaṅgî, 13, 14.
Samaṇapaduma, 63.
Samaṇapuṇḍarîka, 63.
Samaṇapaṭiñña, 36.
Samatha, 61.
Samanantarâ, 13, 16.
Samayavimutta, 11.
Samasama, 64.
Samasîsî, 13.
Samâcâra, 27, 36.
Samâdâna, 39.
Sammâdiṭṭhi kammasamâdâna, 60.
Samâdapeti, 39, 55.
Samâdâya, 58.

Samâdhi, 35, 54.
Samâdhikathâ, 35; samâdhi-sâmaññâgata, 35.
Samâpajjati, 11, 12.
Samâpatti, 11, 20, 24, 61.
Samârambha, 58.
Samâhita, 35, 64.
Samoha, 61.
Sampajañña, 25.
Sampajâna, 25.
Sampajânakârî, 59.
Samapadâ, 54, 55; vimutti-s°, 54; sîla-s°, 54; samâdhi-s°, 54.
Sampavaṅka, 36.
Sampasâdana, 59.
Sampavankatâ, 20, 24.
Sampahâra, 66, 67.
Samphappalâpa, 58.
Samphappalâpî, 39, 58.
Samphassa, 33.
Samphassatâ, 33.
Sambodha, 21.
Sambodhiparâyana, 16.
Sambhajanâ, 20.
Sambhatti, 20.
Sammatta, 13.
Sammâdiṭṭhika, 61.
Sammâpaṭipadâ, 49, 50.
Sammâsati, 25.
Sammiñjita, 45, 59.
Sammodati, 32, 33.
Sammosa, 32.
Sammoha, 21.
Sammussanatâ, 21.
Saraṇatâ, 25.
Sarûpavaccha, 56.
Sallakkhaṇâ, 25.
Sallekhâ, 69, 70.
Savana, 28.
Sasaṅkhâra-parinibbâyî, 17.
Sassatavâda, 38.
Sahadhammika, 20.
Sahasâkâra, 58.
Sahati, 68.
Sahâya, 36.
Sahita, 42, 57.
Sâ, 55.
Sâkabhakkha, 55.
Sâkâra, 60.
Sâkuṇika, 56.
Sâciyoga, 58.
Sâṇa, 55.
Sâṭheyya, 19, 23.
Sâta, 55.
Sâtatâ, 24.
Sâdariyatâ, 24.
Sâdariya, 24.
Sâdîyati, 55.
Sâpadesa, 58.
Sâmâkabhakkha, 55.
Sâyita, 59.
Sâraparivâra, 53.
Sâvajja, 30, 41.
Sâhu, 71, 72.
Sikkhâ, 57, 59.
Sîtibhûta, 61.
Sikkhâsâjivasamâpanna, 57.
Sîghaṃ, 42.
Sîla, 53.
Sîla-samaññagata, 35.
Sîla-kathâ, 35.
Sîla-sampadâ, 25, 54.
Sîlavâ, 13, 26.
Sîla-vipatti, 21.
Sîlavipanna, 21.

Sîsa, 68.
Sukara, 58.
Sûkarika, 56.
Suci, 36; Sucibhûta, 57.
Sukha, 68; Sukhapaṭisaṃvedî, 61.
Sugata, 60.
Suññâgâragata, 68.
Sutappaya, 26.
Sudassa, 17.
Sudassî, 17.
Suddha, 60.
Suppaṭipanna, 48.
Suppameyya, 35.
Surâ, 38, 39.
Suvaṇṇa, 60.
Suvaṇṇatâ, 34.
Susâṇa, 59.
Sotâpatti, 13.
Sotâpanna, 71.
Somanassa, 59.
Sosânika, 69, 70.
Sovacassatâ, 24.
Sovacassâya, 24.
Sovacassiya, 24.
Seṭṭha, 33.
Sekha, sekkha, 14.
Seyyâ, 51, 56.
Sevati, 33.
Sevanâ, 20.

H.

Haññati, 56, 67.
Hatthâpalekkhaṇa (? hatthâvalekkhana), 55.
Hadayaṅgama, 29, 57.
Harita, 56.
Hâyati, 71.
Hita, 45, 46.
Hîna, 35.
Hînâdhimutta, 26.
Hirika, 19, 20.
Hiriyati, 20, 24.
Hirî, 23, 71.
Hirîmâ, 23.
Huta, 21.

CORRECTIONS.

P. 4, l. 5 *from bottom read* arukûpamacitto.
,, 20, l. 1 ,, ,, ,, paṭipajjati.
,, 44, l. 3 ,, ,, ,, tathûpamo.
,, 53, l. 7 ,, ,, ,, lûkhappasanno.
,, 64, l. 29 ,, ,, ,, vippaṭisârajâ.

www.ingramcontent.com/pod-product-compliance
Lightning Source LLC
Chambersburg PA
CBHW020148170426
43199CB00010B/945
* 9 7 8 3 3 3 7 7 3 2 1 6 5 *